AF330216

TABLEAUX GÉNÉALOGIQUES

DE LA

FAMILLE RISLER

1481 — 1910

NOUVELLE ÉDITION

revue et augmentée, avec 6 planches en couleurs et un tableau synoptique.

MULHOUSE

IMPRIMERIE ERNEST MEININGER

1910

TABLEAUX GÉNÉALOGIQUES

DE LA

FAMILLE RISLER

TABLEAUX GÉNÉALOGIQUES

DE LA

FAMILLE RISLER

1481—1910

NOUVELLE ÉDITION

revue et augmentée, avec 6 planches en couleurs et un tableau synoptique.

MULHOUSE

IMPRIMERIE ERNEST MEININGER

—

1910

Il a été tiré de cet ouvrage 50 exemplaires sur papier de Hollande, numérotés à la presse, au prix de M 25.— l'exemplaire.

PRÉFACE

————

Le premier Recueil des Tableaux généalogiques de la descendance de Jean Rossel (N° 1) fut l'œuvre de Jérémie Risler (N° 91, 3). Il parut en 1850, imprimé en langue allemande chez Jean-Pierre Risler, son frère. Bien avant Jérémie, son aïeul maternel, Jean Risler-Zurcher (N° 74), avait classé par famille cette descendance et en avait même dressé un tableau général tenu à jour jusque vers 1829, année de son décès. Le Recueil manuscrit de ce classement est en notre possession, le tableau général est la propriété de M. Eugène Kuhlmann, arrière-petit-fils de Jean Risler-Zurcher. Jacques Henric-Petri, archiviste de la ville de Mulhouse vers 1628 et plus tard bourgmestre, dans sa Chronique, donne le tableau N° 1 de nos recueils, mais il omet notre Jean N° 1, époux de Marguerite Schmidlin ; de plus, il est à remarquer que, contemporain des premiers Rossel établis à Mulhouse, il ne les désigne pas par leur nom d'origine, mais par le nom « Rissler ».

Jérémie Risler continue jusqu'en 1876 à tenir à jour ses tableaux généalogiques ; en 1881, son petit-cousin Jean Risler-Monnier (N° 165), arrière-petit-fils de Jean Risler-Zurcher, reprend le travail interrompu, le met et le tient à jour jusqu'en 1889, année de son décès. Sa mère, Mme Jean Risler-Koechlin, me demanda alors de reprendre sa tâche. A mon grand regret, d'autres occupations, qui absorbaient tout mon temps, ne me permirent pas de donner suite à cette proposition. Enfin en 1908, sollicité par des parents et des amis, je me décidai à mettre à jour les tableaux de famille anciens et à continuer le recueil de JÉRÉMIE RISLER, en le complétant par les noms et prénoms des ascendants, des conjoints, et par un tableau synoptique de toute la descendance de JEAN ROSSEL; ce tableau comprend également la descendance de JEAN-RODOLPHE RISLER qui, après avoir quitté Mulhouse, se fixa à Montbéliard et y reprit le nom de Rossel.

Je reproduis aussi le texte original et la traduction de la préface du recueil édité en 1850; j'y renvoie le lecteur pour l'interprétation à donner à la transformation du nom primitif de Rossel en Risler. Néanmoins, j'ajouterai que la preuve que les ROSSEL jouèrent un rôle militant lors de l'avènement de la Réforme, se trouve dans les citations de l'abbé Tournier, dans son travail historique : *Le Protestantisme dans le pays de Montbéliard*, édité, en 1889, chez Paul Jacquin, à Besançon.

En effet, nous lisons à la page 221 de ce volume :

« Le Protestantisme à Damvans. » (Archives nationales, K. 2177.)
Le 23 mars de l'année suivante (1591), ceux-ci (les officiers de Blamont) parurent aux halles de Blamont, en présence du magistrat de la ville, du ministre de Villars, de Nicolas Rossel, sujet de Montbéliard, déjà retiré à Damvans pour cause de religion.

A la page 243 :

A peine cette opposition fut-elle connue du gouvernement du pays, qu'il fut aussitôt question de faire une enquête. Pierre Grangier, ministre d'Etat, et Nicolas Rossel, juge à Franquement, en furent chargés. (Archives du Doubs, E. 678.)

A la page 297 :

Melchior de Lichtenfels, évêque de Bâle, seigneur de Porrentruy pour le temporel, se rendit lui-même à Besançon, afin de se concerter avec l'archevêque, sur les mesures à prendre pour arrêter les progrès de la Réforme (1571).
Après sa mort et avant l'arrivée de son successeur, un mouvement séditieux éclata à Porrentruy pour y établir un prédicant. Le 29 mai 1575, le conseil de l'évêché de Bâle en avertit l'archevêque de Besançon. Le principal instrument de cette nouvelle campagne était un ancien scribe de la ville, le licencié Docourt, qui avait embrassé la Réforme et avait dû se retirer à

Audincourt. De là, il communiquait avec un de ses anciens compatriotes, Nicolas Rossel le vieux, qui avec lui tenait les fils de la conspiration. Pendant que l'archevêque était prié d'y envoyer quelques théologiens pour prêcher, raffermir les croyances ébranlées, les ministres de Neuchâtel y envoyèrent Hélias Philippin, leur collègue. Comme il prêchait devant l'hôtel de ville, un ouvrier lui donna un vigoureux soufflet, le menaçant, s'il ne se taisait, du lourd marteau qu'il portait à la main.

Une fois installé, Christophe de Blarer frappa de l'excommunication le meneur Nicolas Rossel, etc. (*Histoire des évêques de Bâle*, par Mgr. L. Vautrey.)

Le nom Risler était porté par des personnes étrangères à notre ascendance; dès l'année 1548, un *Peter Risler*, résidant à Bollwiller, se trouve inscrit deux fois dans le livre de comptabilité de Wilhelm von Ruest et lui payait des redevances en nature, blé et avoine.

Des *Risler ou Rissler*, comme le dit l'auteur du Recueil de 1850, se retrouvent dans différentes localités tant en Alsace, qu'en Allemagne et en Suisse. En Alsace, entre autres, il cite une famille établie à Mulhouse et dont le chef meurt à Benfeld. Cette famille est orignaire de Sundhausen, arrondissement de Schlestadt, où les livres paroissiaux et de l'état civil les mentionnent sous le nom de *Ruesler*, *Risler* et *Rissler*.

Madeleine Risler, mentionnée de même dans la préface de 1850 comme étant originaire de Tannheim, est née le 23 septembre 1822 à Traubach-le-Bas, canton de Dannemarie. Elle était la fille d'un *Antoine Riesle*, horloger ambulant, et c'est ce dernier qui est né à Tannheim le 14 juin 1784. Ce *Riesle* se marie à Traubach et est inscrit sur les registres de l'état civil comme *Risler*. Sa descendance, en grande partie originaire de Dannemarie, paraît s'être établie à Grandvillars, arrondissement de Belfort; elle continue à porter le nom usurpé de Risler; les registres de l'état civil de Cernay (Alsace) mentionnent aussi des *Risler* appartenant à cette famille, en dehors des RISLER de notre souche.

Dans le canton de Zurich et principalement à Horgen, il existe une lignée nombreuse, dont le nom s'écrit orthographié soit *Rysler*, *Ryssler*, *Risler* et *Rissler*. Nous les trouvons inscrits dans les livres paroissiaux de baptême dès l'année 1549. Cette famille n'a pas de liens de parenté avec la nôtre.

Nous donnons plus loin :

1º Les premiers Rossel que nous avons relevés sur les registres de baptême existant encore à Porrentruy et leur classement probable par famille ;

2º La reproduction de tableaux inédits tirés du manuscrit de Jean Risler (Nº 74) ; au numéro V de ces derniers tableaux, Théodore (Nº 2) est annoté de la main de l'auteur de 1850 comme ayant émigré à Nismes ; ceci nous amène à supposer qu'il fut l'aïeul du colonel Louis Rossel, fusillé à Satory en 1871, ce dernier, descendant d'une vieille famille camisarde, originaire de Saint-Jean-du-Gard ;

3º Un relevé des Rossel de Delémont, ville voisine de Porrentruy.

Nous devons à notre éditeur, M. Ernest Meininger, la communication d'extraits de procès-verbaux de délibération du Conseil *(Raths-Protocoll)*, d'actes notariés *(Contracten-Protocoll)*, etc., conservés aux Archives de Mulhouse et intéressant différents membres de la famille Risler ; nous les reproduisons sommairement.

Grâce au concours bienveillant de M. Edouard Benner, archiviste de la ville de Mulhouse, de M. Ernest Meininger, notre éditeur, et à tous ceux qui ont bien voulu répondre à nos demandes de renseignements, notre tâche nous a été bien facilitée et nous leur adressons ici tous nos remercîments.

En terminant, nous prions les membres de la famille Risler de nous signaler les erreurs qu'ils pourraient trouver dans notre nouvelle édition ; malgré tous nos efforts pour les éviter, nous n'avons pas la prétention d'y avoir réussi. Nous recevrons avec reconnaissance tous les renseignements d'événements de famille, nous permettant de tenir au courant notre nouveau recueil.

ERNEST RISLER.

Vorwort[1].

Die Grundlage zu diesem Stammregister hat Johannes Risler No 74 gelegt. Sein Enkel Jeremias Risler No 91. 3, hat, nicht ohne viele Mühe, alle möglichen Erkundigungen eingezogen, um einzelne Theile oder das hinterlassene Material noch einmal mit den vorhandenen Urkunden zu vergleichen, viele Lücken auszufüllen, und das Fehlende bis 1848 nachzutragen, um die Sammlung bei seinem Bruder Joh. Peter Risler No 91. 4, zu 50 Exemplaren in Druck zu geben.

Des erwähnten Jeremias Risler's Nachsuchungen in Bruntrut, um sich fernere Notizen über die Stammväter der Risler von Mülhausen (die Rossel) zu verschaffen, und wo möglich die mangelnde Angabe der Geburts- und Todesfälle derselben auszumitteln, hatten nur einen geringen Erfolg, da, obwohl noch ältere Kirchenbücher und Documente vorhanden sind, ein großer Theil derselben im Brand der bischöflichen Kanzlei daselbst zerstört wurde, und zur Zeit der Religionszwistigkeiten die öffentlichen Register allenthalben mit großer Unordnung geführt, ja selbst, vor dem 16ten Jahrhundert, beinahe nirgends keine Civil-Notizen gehalten wurden. In Mülhausen gehen die Todten-Register nicht weiter als 1679 zurück. Das Ehen-Register fängt mit 1589 an.

Wie zu sehen ist, stammen die Risler von Mülhausen aus dem Geschlechte Rossel von Bruntrut her. Es dringt sich nun natürlich die Frage auf, was eigentlich die Wohnungs- und nachherige Namensveränderung der nach Mülhausen übersiedelten Rossel verursacht haben mag? Verfasser erlaubt sich seine Ansicht hierüber, wie folgt, zu äußern: Zur Zeit der kirchlichen Reformation wurden die Bischöfe von Basel genöthigt, ihren Sitz nach Delsperg (Delémont) und Bruntrut (Porrentruy), dem Zentrum ihrer noch theilweise anhängig gebliebenen Unterthanen zu verlegen. Dort suchten sie ihre jetzt sehr verminderte Macht wieder zu befestigen; dies gelang besonders dem staatsklugen Fürsten Bischof Joh. Christoph Blarer von Wartensee, welcher von 1575 bis 1608 regierte, und unter welchem alles aufgeboten wurde, um diejenigen Einwohner von Bruntrut, die zur reformirten Kirche übergetreten waren, wieder für die katholische zu gewinnen, und die Widerspenstigen zu vertreiben. Unter diesen Umständen mochten protestantisch gewordenen Rossel, deren mehrere öffentliche

---

[1] Reproduction de la préface de l'édition de 1850.

Aemter in Bruntrut bekleideten, sich leicht unbehaglich fühlen, wodurch sie zur
Auswanderung veranlaßt wurden. Sie zogen, einige nach Mömpelgard
(Montbéliard) und Héricourt, andere nach Mülhausen, welche Städte, als die
nächstgelegenen, wo die protestantische Religion damals schon befestigt war und
letztere nebst dem, als kleiner Freistaat, vielfachen Reiz für sie darboten. Wie
die Namensveränderung entstanden, ist nicht so leicht zu entscheiden; genügend
sey indessen die Thatsache, daß die ersten Erwähnungen unserer Stammväter
Rossel in den Mülhauser Stadtbüchern und Archiven jedesmal mit dem
Beinamen Risler, das heißt, „Rossel genannt Risler" geschehen, und daß
deren Nachkommen den Namen Risler allein, gleich bei der ersten Generation,
behielten. Es mag auch nicht übertrieben erscheinen, zu vermuthen, daß der
damaligen deutschen Bevölkerung Mülhausens der Name Risler aus den
Nachbarländern [1] schon bekannt, leichter im Gedächtniß blieb als das jenem

---

[1] Der Verfasser hat gefunden, daß ein Geschlecht Risler im Großherzogtum Baden,
namentlich in Ober- und Niederwinden, zwischen Waldkirch und Elzach, schon sehr alt ist, und
daß ein Heinrich Risler, welcher sich nicht an die Mülhauser Risler anketten läßt, ungefähr
1630 in Sausheim, im Elsaß, wohnhaft war, desgleichen, daß ein Kaspar Risler von
Summiswald, Kanton Bern, in Basel den 13. Nov. 1787, 60 J. 6 Monate alt, gestorben ist.
Ferner hat ihn ein Geistlicher versichert, daß er in seiner frühern Pfarrgemeinde im Jartkreise
(Württemberg) mehrere Risler gehabt hätte. In der Umgegend von Hamburg ist Verfasser
auf Spuren von Risler gerathen, welche bis in die Mitte des 15ten Jahrhunderts reichen.
Von den fremden Risler oder Rißler haben sich bereits in dem letzten decennium einige in
Mülhausen niedergelassen. Sie zeichnen sich von den ursprünglichen Mülhauser Risler dadurch
aus, daß letztere protestantischen, jene römisch-katholischen Glaubens sind. Die fremden Risler,
in und um Mülhausen sind bis jetzt folgende:

A.   **Jakob Risler**, von Niederwinden, Großh. Baden.
     seine Gattin Maria Ursula Schillinger.
Kinder: 1. Maria .... geb. 25. März 1833. gest. 9. Mai 1833.
        2. Maria Caroline, geb. 25. März 1834.

B.   **Mathias Rißler**, Schreiner, Sohn des Franz Anton Rißler, † in Bennfelden
     (Niederrhein) 1845.
verehelicht mit: 1. Rosa Ludwig. 2. Elisabeth Flory.
Kinder: 1. Ludwig, geb. 27. Aug. 1846. † 5. Dec. 1850.
        2. Eduard,   „   5. Mai 1848. † 9. Oct. 1850.
        3. Emil   „   12. Juli 1850.

C.   **Franz Risler,** von Hirschzell, Bayern, † 1840.
     seine Wittwe und Kinder, wohnhaft in Dornach bei Mülhausen 1847.
Kinder: 1. Catharina.
        2. Jakob, Perrontinedrucker.
        3. Franz, Soldat im 42ten franz. Linien-regiment seit 1842.
        4. Johann, Walzendrucker.
        5. Theresia.

D.   **Magdalena Risler,** von Thannheim, Nord-West von Donaueschingen,
     welche Joseph Schmidlin, Fuhrmann, geheirathet hat.

ähnelnde französische Wort ROSSEL, und daß dann die ROSSEL die ihnen
gegebene Benennung aus freien Stücken annahmen. Vielleicht bezweckten diese
auch dabei etwaigen Verfolgungen zu entgehen.

Der Name Risler ist häufig im Deutschen Rißler geschrieben worden.
Erstere Schreibart scheint jetzt die allgemein angenommene zu seyn und ist
deswegen die in diesem Stammbüchlein einzig befolgte.

Solche der männlichen Personen, Namens ROSSEL, welche nicht nach
Mülhausen kamen, sind in kleiner Schrift gedruckt, sie behielten den Namen
Rossel, so wie ihn auch die Nachkommen des Jean Rodolphe N° 7. 2, welcher
von Mülhausen nach Mümpelgard zog, wieder annahmen.

Die geehrten Glieder der Familie Risler, welche dieses Stammregister
besitzen, sind ersucht, darin zu ergänzen, was sie oder ihre Anverwandten
Namens Risler angeht. Verfasser, Jeremias Risler, Reunionsplatz, N° 1,
in Mülhausen, wird was die ganze Namensverwandtschaft betrifft, ein
Gleiches thun, und sich ein Vergnügen daraus machen, auf Verlangen Auskunft
zur Fortführung des Büchleins zu ertheilen.

Erklärung der Abkürzungen:

c vor dem Datum oder der Jahreszahl bedeutet die Verehelichung.
† den Todesfall.

TRADUCTION DE LA PRÉFACE

DU

RECUEIL DES TABLEAUX GÉNÉALOGIQUES DE LA FAMILLE RISLER

édité en 1850 en langue allemande, par Jérémie Risler.

JEAN RISLER, N° 74, fut l'initiateur de ce recueil; son petit-fils, JÉRÉMIE RISLER, N° 91. 3, rassembla avec beaucoup de difficultés tous les renseignements possibles, les collationna avec les éléments qui lui avaient été transmis, remplit les nombreuses lacunes du recueil, compléta celui-ci, en y reportant le manquant jusqu'à l'année 1848 et arriva enfin à le faire imprimer à 50 exemplaires chez son frère JEAN-PIERRE, 4 du N° 91.

Les recherches de JÉREMIE RISLER à Porrentruy pour se documenter sur les ROSSEL, les aïeux des RISLER, y retrouver les dates des naissances et décès les concernant, n'aboutirent qu'à un résultat médiocre: il existe bien encore à Porrentruy des registres paroissiaux et des documents anciens, mais une grande partie des archives fut anéantie lors de l'incendie de la chancellerie épiscopale; d'autre part, il est notoire, qu'à l'époque des dissensions religieuses, les registres officiels étaient tenus partout très irrégulièrement et que les déclarations de l'état civil ne datent guère que de l'année 1600. A Mulhouse, le registre des décès ne remonte qu'à l'année 1679, tandis que celui des mariages débute en 1589.

D'après ce qui précède, les RISLER descendent de la famille ROSSEL, de Porrentruy. On se demande, dès l'abord, quelles ont pu être les causes ayant provoqué l'émigration des ROSSEL, leur établissement à Mulhouse et la transformation de leur nom. Sur ce sujet, l'auteur permet d'émettre son opinion personnelle, comme suit: A l'époque où la Réforme prit naissance, les évêques de Bâle furent amenés à établir leur résidence à Delémont et à Porrentruy, foyers de leurs sujets qui, en partie, leur étaient restés fidèles. Ils s'efforcèrent d'y consolider leur autorité maintenant bien affaiblie; le prince-évêque Jean-Christophe de Wartensée, fin politique, qui occupa le siège épiscopal de 1575 à 1608, y réussit; il employa tous les moyens pour ramener dans le giron de l'Eglise catholique les habitants de Porrentruy qui s'étaient ralliés à la Réforme, en bannissant les réfractaires. Il est à supposer que, victime de pareilles mesures, la famille Rossel, qui avait adhéré à la Réforme et dont plusieurs membres occupaient des charges publiques à Porrentruy, se trouva dans une situation difficile, et prit le parti de s'expatrier. Les uns allèrent s'établir à Héricourt et à Montbéliard, d'autres vinrent à Mulhouse, toutes trois, localités voisines, où la religion protestante était déjà implantée; la troisième, ville libre, leur offrant, en outre, des avantages multiples. Par contre, la transformation du nom Rossel en Risler s'explique plus difficilement; nous ne pouvons que constater que les premières mentions de nos ancêtres, les Rossel, dans les archives municipales de Mulhouse, se trouvent complétées par le surnom de Risler; ils sont notamment désignés « un tel Rossel surnommé Risler »; que leurs descendants adoptent dès la première génération le nom de Risler tout court. Ce ne sera pas une exagération de supposer qu'à cette époque le nom « Risler »[1], originaire des pays voisins, était déjà familier à la popula-

----

[1] Il résulte des recherches faites par l'auteur qu'une famille *Risler*, trés ancienne, est établie dans le grand-duché de Bade à Ober- et à Niederwinden, entre Waldkirch et Elzach; qu'un *Henri Risler*, n'ayant aucun lieu de parenté avec les Risler de Mulhouse, résidait à Sausheim (Alsace), vers l'année 1630; qu'un *Gaspard Risler*, originaire de Summiswald (canton de Berne), est décédé à Bâle, le 16 novembre 1787, à l'âge de 60 ans et 6 mois. Un ecclésiastique lui a affirmé avoir eu plusieurs *Risler* dans une de ses paroisses du Jagstkreis (Wurtemberg). L'auteur a aussi trouvé des traces de *Risler* dans les environs de Hambourg, remontant au XVe siècle.

Des *Risler* ou *Rissler* étrangers sont venus résider à Mulhouse dans la dernière décade d'années (qui précède la publication de son recueil généalogique); ils se distinguent des Risler, originaires de Mulhouse et protestants, en ce qu'ils professent la religion catholique.

Les *Risler* étrangers établis à Mulhouse sont les suivants :

A) Jacques Risler, de Niederwinden (grand-duché de Bade), son épouse, Ursule Schillinger.

    Enfants: 1. Marie, née le 25 mars 1833, † le 3 mai 1833;
    2. Marie-Caroline, née le 25 mars 1834.

B) Mathias Rissler, menuisier, fils de François-Antoine Rissler, † à Benfeld (Bas-Rhin) en 1845, marié : I. à Rose Ludwig; II. à Elisabeth Flory.

    Enfants: 1. Louis, né le 27 août 1846, † le 5 décembre 1850;
    2. Edouard, né le 5 mai 1848, le 9 octobre 1850;
    3. Emile, né le 12 juillet 1850.

C) François Risler, de Hirschzell (Bavière), † en 1840; sa veuve et ses enfants habitaient Dornach, près Mulhouse, en 1847.

    Enfants: 1. Catherine;
    2. Jacques, imprimeur sur perrotine;
    3. François, soldat au 42e de ligne français depuis 1842;
    4. Jean, imprimeur sur rouleaux;
    5. Thérèse.

D) Madeleine Risler, de Tannheim (Nord-ouest de Donaueschingen); elle épouse Joseph Schmidlin, voiturier.

tion de la ville, de langue allemande, et qu'il se prêtait plus aisément à la mémoire que le nom français « ROSSEL », s'en rapprochant plus ou moins, et que les ROSSEL adoptèrent de plein gré le surnom qui leur avait été attribué. Il se pourrait aussi qu'ils acceptèrent cette transformation dans le but d'éviter des persécutions éventuelles. Le nom s'écrit fréquemment RISSLER, il s'écrit maintenant couramment RISLER.

Les noms des ROSSEL qui ne vinrent pas à Mulhouse sont imprimés en caractères maigres ; cette descendance conserva le nom de « ROSSEL » et il en fut de même pour les descendants de JEAN-RODOLPHE, 2 du N° 7, qui de Mulhouse alla s'établir à Montbéliard.

Les membres de la famille RISLER, possédant ce petit recueil généalogique, sont invités à compléter eux-mêmes ce qui concerne leur famille ou leur personne. L'auteur JÉRÉMIE RISLER (place de la Réunion, N° 1, à Mulhouse) en fera autant pour la généralité de la famille et communiquera volontiers à ceux qu'ils intéressent, les renseignements complémentaires pour la continuation de l'ouvrage.

Explications et abréviations :

c devant un millésime ou une date signifie celui ou celle du mariage.
† signifie date ou millésime correspondant au décès.

— XIV —

DOCUMENTS

intéressant la Famille Risler

———

Extraits des Archives municipales de Mulhouse

———

1573, après le 15 avril. — Contract de mariage de HENRI RISLER (N° 74) et de CATHERINE GROSHEINTZ.

« Zwischen den ehrbaren HEINRICH RYSER *(sic)* dem Gewand-mann, HANS RYSER *(sic)*, burger zu Pruntrutt, ehlicher Sohn, an einen; sodann CATHARINA GROSSHEINTZERIN, des ehrsahmen MATHEUS GROSSHEINTZEN ehlicher Tochter alhie, in beysin und mit Gunzt, Wissen und Willen jetzt genanter ihrer Eltern oder ihr beyderzeits nächsten Verwanden und sunsten guter Herren und Freunden hienach gemeldet zur Fürkommung künftige Span und Irrthum so nach ihr einstheils absterben ihres Zeitlichen Guts halber, verwahren möchten : eine ehliche Heürath abgered und beschlossen doch zu vor ein freundliche Vereinbarung und Vergleichung beschehn. Dem ist namlich also und erstlich sollen beide Ehpersohnen in dem Namen Gottes einandern zu der Ehe haben und nehmen und dieselbig uf das fürderlichest nach christlicher Kirchenbruch bestätigen lassen. Demnach wann durch Schickung und Gewald Gottes des Allmächtigen, er, HEINRICH RYSER *(sic)* mit Tod abgan und üsser dieser Vergänglichen verscheiden würde, als dann soll Sie ihre Kleider, Kleinöter und was zu ihrem Leib, uf und angehörig, samt zehn Gulden für ihr versprochen Morgengab, frei vorüs gemeinen Gut und dann, in dem übrigen, liegend und fahrend, zusamen gebrachten, gewonnen, erfahrt, ererbt oder erkauften Haben und Gütern des Manns Kinder oder Erben den zweitheil und der Frauen den drittel theil Haben und Nehmen. Im Fall aber sie CATHARINA GROSSHEINTZERIN vor ihrem Ehmann die Schuld der Natur tragen und üs diesem Jammerthal absterben würd, Sie hätten in währender Ehe Kinder mit einander

erzeügt oder nit so sollen auch ihm seine Kleider, Kleinöter, Gewehr
oder was das wäre zu seinem Leib gehörig, vor aller Theilung, danethin
der zwei Theil in allen ihren liegenden und fahrenden Hab und
Gütern, und den Kindern oder Frauen Erben der dritt Theil auch
zugetheilt und verfolgt werden.

« Es hat auch HEINRICH RYSER *(sic)* seinem Sohn obgemeldet
dreihundert Pfund Stebler also baar zu Ehestür zu erlegen und zu
bezahlen, desgleichen der Tochter Vater hundert Pfund Stebler, samt
zwen Tagwan Reben. Sodann Hanns Hartmann der Gewandmann,
bürger alhie, ihnen beiden jungen Menschen, hundert Kronen zen
Jahr lang, zu einem Anfang ihrer Hüsshaltung ohne alles verzinsen
zu lyhen; desgleichen auch ime eine Behaussung ettliche Jahren lang
ime ingeben darüs er ime wie von dem Geld nichts zu Zins schuldig
sein soll.

« Alles ehrbarlich, getrülich und ungeverlich und als dies
Alles wie obstatt bewilligt, beschlossen und angenommen worden,
haben beide Theil für sich und ihren Erben gelobt und versprochen
diese Eheberedung und was dieser Brief üsweisset und inhalt in allen
Punkten und Artikeln, wahr, fest und stett zu halten. Darwieder
nimmer zu thun, noch schaffen, verhängen oder gestatten, gethon
werden in keinerlei weis noch weg, sonder sich herin verzigen und
begeben, aller Privilegien, Gnaden, und Gewohnheiten nichts üss-
genommen, aller Betrug und Arglist hierin gänzlich vermieden. Hiebei
und mit sind als Gezügen gewesen : die ehrsamen Herr Frantz
Wurmsen, Jakob Schön der alt, der beide Burgermeister, und dann
Thiebold Schweblin, Matheus Schertlin, Ludwig Lendi, Hans Schüeber
und Hans Christen, alle Bürger alhie zu Milhüsen. *Actum ut supra.* »

Contracten-Protokoll 23.

1597, 25 juillet. — Certificat d'apprentissage délivré par Jean Reichardt,
orfèvre, à Mulhouse, à JÉROME RISLER (N° 3, 1), orfèvre, fils de
M. NICOLAS RISLER (N° 3), ancien bourgmestre à Porrentruy, à présent bourgeois de Montbéliard.

Contracten-Protokoll 34, page 117ᵇ.

1605, 20 novembre. — CLAUDIUS RISLER (N° 7), bourgeois de Porrentruy,
domicilié temporairement chez son cousin HENRI RISLER (N° 4), de
Mulhouse, intente un procès en diffamation à Thiébaut Grosheintz;
il obtient gain de cause. Le dernier est condamné à payer une amende
ou à un emprisonnement de quatre jours au Walkenthurm.

Contracten-Protokoll 37, page 296,

1618, 1er décembre. — Contrat de mariage de JEAN RISLER (N° 9) et
d'URSULE *(sic)* HOFMANN, veuve de Jacques Grosheintz, bourgmestre
défunt.

Contracten-Protokoll 41, page 26^b.

1624. — PHILIBERT (N° 2, 3) et HENRI (N° 2, 5), les RISLER, tuteurs des
enfants de feu CLAUDE RISLER (N° 7), bourgeois de Mulhouse,
attestent que, par suite du décès de NICOLAS RISLER (N° 3), de
son vivant bourgeois de Montbéliard, grand-père desdits enfants et
d'autres enfants et héritiers, ... donnent mandat d'hériter pour
eux à Jean-Nicolas Belleney[1] docteur en droit, conseiller du prince
de Wurtemberg, à Montbéliard, ainsi qu'à Charles Spiess, bourgeois
de Montbéliard, etc.

Contracten-Protokoll 42, page 303^b.

1627, 19 avril. — Contrat de mariage d'Engelbert Reber, chef de la tribu
des Tailleurs, fils de Jean Reber, et de dame MARGUERITE RISLER
(N° 5, 3), veuve de Jacques Gunther (dont elle a une fille).

Contracten-Protokoll 44, page 6^b.

1627, 17 octobre. — Testament de dame BARBE HOFMANN, épouse de JEAN
RISLER (N° 9).

Contracten-Protokoll 44, page 71^b.

1629, 27 mars. — Echange de correspondance entre les autorités de Mulhouse et THOMAS ROSSEL (N° 3, 5), bourgmestre de Porrentruy,
au sujet d'un malfaiteur ayant séjourné dans la première de ces
localités.

 THOMAS ROSSEL est déjà cité comme bourgmestre de Porrentruy dans des actes du 19 août 1625 et du 27 mars 1629.

Contracten-Protokoll 45, page 150^b.

1630, 29 juin. — « *Quittung.* Wir nachgenannte Johann Ehrhard, Meyer von
Hirtzbach, zu Leotzingen (?), Frantz Humbert, diss Orts, als Vogt
Herrn JOHANN HEINRICH RISSLERS *a)*, sel. gewesenen Burgers zu
Bruntrut hinderlassenen Wittiben und ihres Sohnes HANNS FRANTZ
RISLERS *H)*; NICOLAUS RISLER *b)*, Burger zu Brunntrut; HANS *d)*,

---

[1] Probablement le beau-frère de NICOLAS RISLER (N° 3).

DANIEL *e)* und CLAUS *f)* die RISSLER, und Engelbert Räber, als Ehevogt MARGARETHA RISSLERIN, Burger zu Mulhausen, bekhennen..... das ..... Frau Juliana Hartmännin, weiland H. PHILIPERT *e)* RISLERS, unsers freundlichen lieben Vetteren sel. hinderlassenen Wittib».... leur a livré la succession de celui-ci se montant à 1000 ₰ stebler.

Notes. — JEAN HENRI *a)*, frère de NICOLAS *b)* et de PHILIPERT. JEAN-FRANçois est le fils du précédent. JEAN *d)*, DANIEL *e)* et NICOLAS *f)* sont les fils de JEAN, frère de *a)*, *b)*, *c)* et par conséquent les neveux de PHILIPERT.

Contracten-Protokoll 46, page 60.

1634, 26 janvier. — DANIEL RISLER (N° 10), est cité comme économe de l'hôpital.

Contracten-Protokoll 48, page 14ᵇ.

1634, 10 février. — JEAN RISLER (N° 9), est cité comme économe de Lucelle et du registre « Presentz ».

Contracten-Protokoll 48, page 13ᵇ.

1636, 14 mars. — Contrat de mariage de Louis Witz, ex-lieutenant, fils d'Egmond Witz, et de MARGUERITE RISLER (N° 3, 5), veuve de Engelbert Reber.

Contracten-Protokoll 49, page 84.

1640, 7 mai. — Contrat de mariage de Hartmann Koechlin, le jeune, et de dame ANNE-MARIE CORNETZ, veuve de NICOLAS RISLER (N° 11).

Contracten-Protokoll 49, page 389.

1640, 9 juin. — Contrat de mariage de JÉRÉMIE RISLER (N° 12), fils de feu CLAUDE RISLER, négociant à Mulhouse, et de demoiselle MARGUErite CORNETZ, fille du chef de tribu Jean-Nicolas Cornetz.

Contracten-Protokoll 49, page 380ᵇ.

1641, 18 février. — Document mentionnant PIERRE ROSSEL (N° 3, 4) et son frère CLAUDE ROSSEL (N° 7), fils de NICOLAS ROSSEL (N° 3), † 1620 (?), dame SABINE VAUGERY, femme de feu PIERRE ROSSEL (N° 3, 4), ainsi que JÉRÉMIE RISLER (N° 12) et la mère de Jean-Michel Franck, enfant de feu CLAUDE RISLER (N° 7).

Contracten-Protokoll 50, page 50ᵇ.

1641, 21 mars. — Lettre de Mulhouse à Montbéliard. Jérémie Risler (N° 12)
et sa sœur Marthe (N° 7, 4), épouse de Michel Franck, héritent de
leur grand-père Nicolas Rossel (N° 3).

> *Note.* — Celui-ci est mort en 1624. L'héritage aurait donc été réglé seule-
> ment en 1641 !

> Missiven-Protokoll, 25.

1645, 10 mars. — Contrat de mariage de Jean Risler (N° 9), du Conseil,
et de dame Anne-Madeleine Solmuth, veuve d'Erhard Strœbel, de
Feüchten (Palatinat supérieur).

> Contracten-Protokoll 52, page 64.

1646, 29 octobre. — Contrat de mariage de Jean-Henri Baumgartner, de
Frankenberg (Hesse), et de dame Agnès Risler (N° 8, 2), veuve de
Jean-Henri Wild.

> Contracten-Protokoll 53, page 19ᵇ.

1656, 5 juillet. — « Burgerrecht soll Herrn Hanns Rudolph Rislern (N° 7, 2)
vorbehalten sein, der ist dem Gewerff Register einverleybt. »

> Raths-Protokoll 14, page 140ᵇ.

1686, 27 octobre. — « *Burgerrecht.* Herrn Hanns Georg Rosselet oder
Risler [1], dismahlen zu Mumpelgart wohnhaft, welcher das hiesige
Burgerrecht von seinen Eltern her gehabt und bis seit 2 Jahr einiges
Gewerf auf die Ackerleuth Zunfft abgerichtet, ist selbiges mit dem
Beding auf 2 Jahr prorogirt, dass er jährlich 6 ℔ für alle Be-
schwerden abrichten, und falls er hier mit der Zeit wohnen wollte,
das Burgrecht für seine Frau auch bezahlen, und der hiesige religion
sich conformieren soll. »

> Raths-Protokoll 16, page 444.

1698, 23 novembre. — « *Burgrecht.* H. Hans Georg Rissler [2], Secretarius
Ihrer Durchlaucht des Herzogen von Mumpelgart, haltet an das
ihme das Burgrecht welches so wohl sein H. Vatter, H. Hans Ru-
dolf Risler seel. als er, bis circa A° 1680 genossen, und wegen den
angefangenen Kriegen negligieret worden, wider ertheilt werden
möchte, worin ihme wegen seinen lieben Eltern und Freündschaft

---

[1] Jean-Georges Rossel-Perdrix, voir *Généalogie Rossel*, de Montbéliard.
[2] Jean-Georges Rossel-Perdrix, voir *Généalogie Rossel*, de Montbéliard.

wilfahret, mit dem Beding das er für das verflossene 40 ℔ und Jährlich 3 ℔ Gewerf geben, neben übrigen prestandis der Frauen,
Kindern und Religion halben, wan sie hier wohnen wolten».

Raths-Protokoll 17, page 410.

1708, 5 septembre. — Document mentionnant AGNÈS RISLER (N° 13, 5),
veuve de Jean Zurcher, d'Illzach.

Contracten-Protokoll 18, page 350.

1722, 14 janvier. — « Des Ohnlängst zu Mömpelgarth verstorbenen H. HANNS
GEORG ROSSEL drey Herrn Söhne halten durch eine eingegebene
Schrift um continuation des ihrem H. Vatters sel. gedeyten Burgerrecht an, so aber erheblichen Ursachen in weitere Bedenken gezogen
worden. (Voir *Généalogie Rossel*, de Montbéliard.)

Raths-Protokoll 19, page 367.

1724. — « H. HANS GÖRG RISLER [1], conseiller und Secretarius Ihre Dhlt des
H. Herzog von Würtemberg Mömpelgarth haltet durch H. Liebach
seinen Anwalt für sich und seinen jüngern H. Bruder um das Burgerrecht an, welches ihrem H. Vatter sel. unterm 23 9bre 1698 ertheilt
worden, worüber erkannt, wiewohlen man allen egard für diese
Ehrenfamilie trage, dass demnoch in diesem Begehren nicht willfahrt
werden könne, weilen Ihr H. Vatter sel. das ihme ertheilte Burgerrecht nicht continuirt, auch dieses wider die vor einige Jahren ge-
machte Ordnung liefe, dass welcher an einem andern Ort mit Eyds-
pflicht verbunden, das hiessige Burgerrecht nicht genüssen könne.
Falls sie aber in der Nothfall hier wohnen und Schutz in allhiesiger
Statt suchen wollten, wird man ihnen alle Freundschaft erweisen,
und die Zuflucht in unserer Statt nicht versagen».

Raths-Protokoll 19, page 637.

1746, 1er septembre. — « JOHANNES RISSLER (N° 37), so das Streichenmacher
Handwerg gelernt, und aus Nachlässigkeit seines Vaters das Burgerrecht hiesiger Statt verloren, darüber er wehmütig klagt, und um
das Burgerrecht zu Illzach ganz demütig anhaltet, ist solches bewilligt
worden, doch solle er nur an den ofentlichen Jahrmarkten die Frey-
heit haben, seine Streichenmacher Wahr in der Statt zu verkaufen,
zu Illzach denen so sie daselbst abhohlen ».

Raths-Protokoll 23, page 102.

---

[1] JEAN-GEORGES ROSSEL-LALANCE et DAVID ROSSEL-BINNINGER, voir *Généalogie Rossel*,
de Montbéliard.

1747, 26 avril. — « JOHANN RISSLER (N° 37) von hier gebürtig, so sich mit
ELISABETH CATHARINA JOHANNA KRIEGERIN von Braunschweig ver-
heirathet, und umb den Schirm hiesiger Statt für sich und seine
Frau und Kind anhaltet, ist mit güter vertröstung zur Geduld ge-
wiesen, bis man Schirmsverwanden annehmmen wird, in welcher
Zeit ihnen erlaubt sich hier aufzuhalten ».

Raths-Protokoll 22, page 179.

1747, 3 mai. — « Wegen JOHANNES RISSLER (N° 37) den jüngeren wieder
dessen annemmung in das Schirm, einige Bürger als Wollenspinner
sich setzen, lässt man es bei dem, so seinerthalben unterm 26. april
erkant worden, bewenden. Das weitere Anbringen aber, dass den
übrigen Schirmsverwanden in ihren Kindern, das Weben und Wollen-
spinnen möchte verwehrt werden, ist zu untersuchen für E.E. Hand-
werk der Wollenweber verwiesen ».

Note. — Les trois citations ci-dessus expliquent la disparition de JEAN (N° 37).

Raths-Protokoll 22, page 186.

1751, 17 juin. — « Burgerrecht ist H. Pfarrer JEREMIAS RISSLER (N° 52) zu
Petersburg für jungfr MARIA SARA RIEDY von Basel, mit deren er sich
in ein eheliches Versprechen eingelassen, gegen der Gebühr bewilligt,
wan er deren *praestanda* vor der Hochzeit autentisch zeigen wird ».

Note. — Accordé le 26 du même mois.

Raths-Protokoll 24, page 220.

1752, 21 juin. — « *Burgerrechtsgeld.* — Um dessen Nachlass H. Pfarrer
JEREMIAS RISSLER zu Petersburg, durch seinen Vatter anhaltet, ist
solche bewilliget und verehrt ».

Raths-Protokoll 24, page 437.

1776, 19 octobre. — M. JÉRÉMIE RISLER (N° 64), négociant, fils de l'économe
de l'hôpital JEAN RISLER (N° 41) et de MARGUERITE LAUTERBURGER,
est établi, à cette date, à Sedan.

Attestationen, 10, page 360.

1780, 1er novembre. — « H. JOHANNES JEREMIAS RISSLER (N° 71) S. S. Theol.
cand. und Evangelischer Prediger in Gnadenberg in Schlesien, ein
Sohn H. Pfarrer JEREMIAS RISSLER (N° 52) in Neuwied, durch Herr
MATHIAS RISSLER (N° 55) sein Onkel, haltet um das allhiesige Burgerrecht an für Jgf. SOPHIE JACOBEA HUNZIGER, von Aarau, mit deren

er sich in ein eheliches Versprechen eingelassen. Worauf ihme ged.
Burgerrecht bewilligt worden, doch soll darüber in Zeit 2 bis 3 Mo-
nath der gewohnliche Schein der Herkunft und der *Praestandorum*
halben in die Canzley gelegt, im übrigen aber an der Gebühr halber
gehalten werden wie sein H. Vatter ».

Raths-Protokoll 32, page 314.

1784, 21 avril. — Le droit de bourgeoisie est accordé au pasteur JÉRÉMIE
RISLER (N° 52), à Neuwied, pour dame ROSINE MAERKT, veuve
Werenfels, de Bâle, sa fiancée.

Raths-Protokoll 33, page 367.

1793, 6 novembre. — Le droit de bourgeoisie est accordé à PHILIPPE RISLER
(N° 90), ex-capitaine d'un régiment suisse, pour sa femme BARBE
DESPRÉAU, de Sarrelibre.

Raths-Protokoll 36, page 316.

TABLEAUX INÉDITS

Extraits du manuscrit de Jean Risler (N° 74)

I. GIRARD ROSSEL, fils de JEAN ROSSEL (N° 1),
    × GUILLAUMETTE BOISSON.

1. MARGUERITE, * 3 déc. 1571; a pour marraine MARGUERITE SCHMIDLIN,
    du N° 2.
2. FRANÇOIS, * 21 août 1578. J. U. L. Heidelbergi.
3. MARTHE,
    × le conseiller LA LANCE, J. U. D.
4. FRANÇOISE,
    × CLAUDE LA LANCE senior.

II. HENRI ROSSEL, prévôt à Porrentruy, fils de JEAN ROSSEL (N° 2),
    × ADÈLE HUMBERT.

1. JEAN-FRANÇOIS, maire à Porrentruy.

III. NICOLAS ROSSEL, conseiller à Porrentruy, fils de JEAN ROSSEL
    (N° 2),
    × ELISABETH JETTE.

1. JEAN-EHRARD.
2. ANNA.
3. ODILE.

IV. THOMAS ROSSEL, fils de NICOLAS (N° 3),
>   × JEANNE DE VALLAY.

1. ROBERT, moine à Bellelay (couvent dans les environs de Delémont).

2. ELISABETH,
>   × J.-LOUIS CHOUALLOT.

3. JEAN-NICOLAS, conseiller à Porrentruy,
>   × AGNÈS PETER.

4. MAURICE,
>   × I. ANTHONIA POUILLOT.
>   × II. CLÉMENCE DOCOURT.

>   *Notes.* — Ce dernier avait un fils, JEAN, à Montbéliard.

V. FRANÇOIS ROSSEL, fils de NICOLAS (N° 3),
>   × CATHERINE VURPILLOT.

1. FRANÇOIS, * 17 janv. 1630,
>   × MARGUERITE HORRY.

>   De ce mariage :
>>   1. JEAN-JACQUES, } * 28 mars 1634.
>>   2. CATHERINE, }

2. THÉODORE, émigre à Nîmes.

3. MARGUERITE, * 8 janv. 1604.

4. MARGUERITE, * 27 mars 1606,
>   × PIERRE BROULT, de Montbéliard.

RELEVÉS FAITS SUR LES REGISTRES A PORRENTRUY

en 1909

A) JEHAN ROSSEL alias BALLARD—Regnaldo N.....

    7 févr. 1481 Jehanne.
    .. oct. 1843 Joh'eta.
    .. .... 1500 Jean *(B)*.

B) JOANNIS ROSSEL—Johanneta N.....

    .. .... 1539 Johanneta.
    .... Jean *(C)*.
    .... Girard *(D)*.
    .... Nicolas *(E)*.
    .... Werner *(F)*.

C) JOANNIS ROSSEL junior—Margareta N......

    12 janv. 1570 Johannes.
    6 oct. 1574 Joannes Philibertus.
    21 juin 1577 Marta.
    2 mars 1579 Nicolas *(G)*.
    .... Jean-Henri *(H)*.

D) GIRARDUS ROSSEL—GUILLEMETTE N.....

3 déc.	1571	MARGARETHA.
21 août	1578	FRANCISCUS.
4 août	1585	HENRICUS.

———

E) NICOLAS ROSSEL—MARTHE BELLENEY.

27 juill.	1572	FRANCISCUS.
Passion Pierre-Paul	1574	PETRUS.
22 févr.	1575	THOMAS *(I)*.
....		CLAUDE.
....		JÉRÉMIE.
4 oct.	1580	JOHANNETA.
12 sept.	1585	JOHANNES PHILIBERTUS.

———

F) WERNER ROSSEL—MARGUERITE N.....

....		CLEMENTIA.
8 oct.	1573	JOANNES.
23 sept.	1575	BARBARA.
27 déc.	1576	ANNA †.
6 juin	1578	HENRICUS.
29 nov.	1579	GIRARDUS.
29 oct.	1585	FRANCISCUS.
21 avril	1587	ANNA.

———

G) NICOLAS ROSSEL—ELISABETH (JETTE).

23 oct.	1608	ANNA.
19 déc.	1609	OTTILIA.
19 mars	1613	JEAN-NICOLAS *(M)*.

H) JEAN-HENRI ROSSEL—ATHLETA (HUMBERT).

         7 sept. 1608 LUCIE.
        28 janv. 1611 JEAN-FRANÇOIS.
        1er mai 1613 ANNE-MARIE.

———

I) THOMAS ROSSEL—JEANNE (DE VALLAY).

        14 nov.   1599 THOMAS †.
        20 déc.   1600 MARGUERITE.
        15 mars   1602 BARBARA.
        20 nov.   1603 JEANNE.
        20 déc.   1604 HENRI.
         6 janv. 1607 MAURICE *(K)*.
         3 févr. 1608 ANNA †.
        14 févr. 1609 JEAN-THOMAS *(L)*.
        30 avril 1611 JEAN-BAPTISTE.
        29 nov.   1612 ELISABETH.
        1er mai 1614 ANNA.

———

K) MAURICIUS ROSSEL—ANTHONIA GING.

         2 sept. 1630 ANNA.
        27 août   1631 JOANNES.
        25 nov.   1633 ANNE-CATHERINE.
        11 janv. 1640 JOANNES-BAPTISTE.

———

L) JEAN-THOMAS ROSSEL.

         3 juill. 1635 GUILELMUS.
        25 oct.   1636 ANNA MARIA.

———

M) JEAN-NICOLAS ROSSEL.

9 mai   1630   JOANNES FRANCISCUS.

Sans origine. MELCHIOR ROSSEL—ELISABETH N.....

18 nov. 1634   ANNA.

NOTES SUR LA FAMILLE ROSSEL, DE DELÉMONT

extraites des Archives de la ville, en 1910, par M. l'abbé Daucourt, archiviste.

1561, en mai. — Augustin Rossel ou Roussel est chargé par le magistrat de défendre la tour devant les sables à Delémont, avec six hommes.

1565, 27 octobre. — Perrin Rossel, bourgeois de Delémont, figure dans un document de l'hôpital de cette ville.

1565, 7 novembre. — Jehan-Pierre Rossel, bourgeois de Delémont, est témoin d'un acte de reconnaissance.

1570, le mercredi après Saint-Martin. — Jehan-Pierre Rossel, bourgeois de Delémont, et sa sœur, sont cités dans un acte de partage de biens (Urbaire de Délémont).

1586, 24 juin. — Jehan-Ulrich Rossel obtient deux chênes de la bourgeoisie de Delémont.

1586, 24 juin. — André Rossel reçoit du bois, pour construire une maison.

1587, 18 janvier. — Mariage d'André Rossel avec Else, fille d'Arnold Hugué.

1589. — André Rossel reçoit du bois de la bourgeoisie, pour faire des planches.

1593, 22 août. — Mariage de Louis Mathé avec Clémence, fille de Verneri Rossel, de Porrentruy. (Voir les extraits de Porrentruy).

1594, 16 janvier. — Mariage d'Antoine-Joes Rossel, de Geispitzen, fils de Joel Rossel avec Barbe-Stéphanie Schlicker, d'Ebstorff, dans l'église de Saint-Marcel, à Delémont.

1619, 5 août. — Auguste Rossel, bourgeois de Delémont, cité comme parrain de Vérène, fille de Jean Henné et de Catherine N.....

1640, 1ᵉʳ octobre. — Baptême de MARTHE, née le 27 décembre, fille de JOEL
ROSSEL et de Catherine N.....

1642, 21 avril. — Baptême de FRANÇOISE-GERADDON, fille de honorable et
spectable ROSSEL et de Catherine Bennot. Parrain : Girardus Bennot,
receveur du prince, et marraine : Anne Marré, de Porrentruy.

1649, 7 novembre. — Mariage, à Delémont, de JEAN ROSSEL, de Courrételle,
près Delémont, avec Marie, fille de Nicolas Bandelier.

1659, 21 août. — Marie, femme légale de PIERRE ROSSEL, de Roggenbourg,
reçoit un florin de l'hôpital pour l'amour de Dieu. (Protocole du
Conseil.)

1660, 19 février. — J.-NICOLAS ROSSEL s'accommode avec la ville de Delémont, à cause d'un héritage.

1669, 2 juin. — Mariage, à Delémont, de FRANÇOIS ROSSEL, de Porrentruy,
avec la pudique vierge Marie-Françoise Mathé, de Delémont.

1669, 27 octobre. — Mariage, à Delémont, de MARIE ROSSEL, du diocèse de
Lausanne, convertie du protestantisme, avec Jean Lemaire Stamar (?)

1731, 13 novembre. — Mariage, à la chapelle de Lorette, près Porrentruy,
de M.-THÉRÈSE ROSSEL avec D.-GUILLAUME-JOS. Daucourt, de Delémont.

1732. — PIERRE-FRANÇOIS ROSSEL, vicaire à Porrentruy, est nommé curé à
Chevenez, par le chapitre de Saint-Ursanne, le 28 mars 1718. Il est
mort le 28 février 1750.

1750, 11 octobre. — Mariage de MARGUERITE ROSSEL avec Ursanne Meyer.
Elle meurt le 24 novembre 1754.

1794. — Un ROUSSEL est, à cette date, membre du comité de surveillance à
Delémont.

— XXX —

EXTRAITS DES ACTES NOTARIÉS DE DELÉMONT

Les deux actes ci-après sont marqués à la charge de François Montavon dit le Schuede de Boëcourt :

Jean Henry Joseph de Boëcourt, juvenal *Ursanne Rossé* de Seprai pleige et caution. L'acte du *30 décembre 1690*, son fils *Henri Rossel* présent et Jean Joseph fils dudit Juvenal renonçant à la chapelle St Sebastien, cense annuelle 2 lb 10 Batz.

Assigne sur la moitié du clos appelé le gros clos dit clos des Hotaux proche dudit village de Boëcourt pour y faire dans les toutages tant foing que reguins 6 chariots. L'autre moitié est déjà d'hypothèque rier, la chapelle du Vorbourg, entre le sieur mayre *Géri Rossé* vent, les héritiers Jean Henri Hennemann bize, La prand dudit Boëcourt midi, Richard Bourquard et Monsieur de Bellelay minuit. Item par *Henry* sudi fils *Rossel* un journal champ du Chafour dans la grosse fin juvenal Joseph vent, *R. Germain Rossel* midi, *Henri Rossel* vient de Sepray bize et Ursanne Taboura minuit.

Jean Henry Joseph *Ursanne Rossel* de Seprai par son fils *Henri Rossel* et Jean fils dudi Jean Henri Joseph pleige Renonceant ou vendu à la chapelle du Vorbourg cense annuelle de 2 lb 10 Batz assigné la moitié du gros clos dis les Otaux proche du village audit Boëcourt pour y faire foin et regain 6 chariots *Gery Rossel* mayre vent, héritiers J. Henry Hennemann bize la pran midi ce Richard Bourquard et la terre Mr de Bellelay minuit du *31 décembre 1690*. Signé J. G. Laubard notaire.

Jean Pierre Rossel de Seprai tenant déjà longtemps le clos ci dedans hypothèque et par monte, justement acquis du devant dit Montavon des pièces de terre, pourquoi satisfaire. Souhaite de faire nouvelles obligations pour les 2 ci contre qui font 100 lb et ajouter encore pour en achever paiement 60 lb au terme de 3 ans qu'il supplie lui être accordé avec la charité pour l'aider à rebâtir sa maison.

ERRATA ET ADDITIONS

N° 4. — Catherine 6, † *29 juill. 1624.*

N° 5. — Lire Elisabeth Kachler, † 13 mai *1635.* Elle était la fille de Stephan Kachler et de Judith Finck.

N° 7. — Lire Elisabeth Ehrsam, fille de *Rodolphe* Ehrsam et d'*Anna Schwertzinger.*

N°ˢ 9 et 15. — Jean-Henri 1, † *2 nov. 1655.*

N° 14. — Jean-Henri 1, † 18 févr. *1659.*

N° 48. — Josué 9, * 7 juill. *1748.*

N° 61, 5. — Lucile Petit n'est pas originaire de Reims, mais de *Cuiry-Housse (Aisne).*

N° 69. — Françoise D'Ombré ou Dombré, *originaire de Birkenfeld* et non de la famille von Birkenfeld.

N° 85. — Lire *Cuiry-Housse* et non Cury-Housse.

N° 92. — Hélène-Adolphine 3 est née à Rouen et décédée à *Mulhouse.*

N° 94. — Claudine-Joséphine-Laure 2 est née à Paris; elle est décédée à *Mulhouse.*

N° 102. — Sophie 7 est née à Masevaux; elle est décédée dans une *localité inconnue.*

N° 113. — Jules-Adolphe 3 est né à Déville-les-Rouen; il est décédé à la *Basse-Terre (Guadeloupe).*

N° 119. — 1. Jean-Henri Zuber, artiste-peintre, lire décédé le 7 avril 1909.

N° 144. — 2. Auguste-Jérome-René est né le *11* avril 1894.

Nicolas Ehrsam, dans son *Bürgerbuch,* donne comme première femme à Hans Guth, anno 1592, une Madeleine Risler; Schoenhaupt, dans son *Livre d'or,* reproduit la même mention. Cette Madeleine Risler ne se retrouvant pas dans nos tableaux, nous nous sommes reportés au registre de baptême de l'époque et nous avons constaté que la première femme dudit Hans Guth était une Madeleine *Kessler*.

En outre, l'édition nouvelle de la *Généalogie Dollfus* donne à Ursule Dollfus (N° 15, 9 de ce livre) comme époux JEAN-RODOLPHE ROSSEL—*Risler* (N° 7, 2), en se basant sur la relation de voyage à Paris de Jean-Gaspard Dollfus, publiée à la page 64, dans laquelle celui-ci mentionne son « beau-frère » Jean-Rodolphe Risler, de Montbéliard. Nos recherches nous ont donné la clé de cette parenté, qui est à interpréter autrement. En effet, la mère de Jean-Rodolphe Rossel, Elisabeth Ehrsam, s'étant remariée, en secondes noces, avec le bourgmestre Philippe Engelmann, les enfants de ce dernier devinrent les demi-frères et sœurs des enfants de CLAUDE ROSSEL—*Risler* (N° 7), et, par suite, le susdit Jean-Gaspard Dollfus, ayant épousé une fille de Philippe Engelmann, était ainsi « beau-frère » de Jean-Rodolphe Rossel, de Montbéliard.

EXPLICATION DES SIGNES

× devant une date ou un nom est mis pour « épouse le ».

* devant une date est mis pour « né ou née le ».

† devant une date est mis pour « décédé ou décédée le ».

N. et X. remplacent le nom absent ou introuvable.

FAC-SIMILÉ

DES

ARMOIRIES RISLER

PEINTES SUR LES

TABLEAUX DE BOURGMESTRES

DE L'HOTEL DE VILLE DE MULHOUSE (SALLE DU CONSEIL)

HENRI RISLER,	1634, † 1643, v. **Nº 8**
JEAN RISLER,	1656, † 1665, v. **Nº 9**
JÉRÉMIE RISLER,	1666, † 1685, v. **Nº 12**
JEAN RISLER,	1675, † 1695, v. **Nº 16**
NICOLAS RISLER,	1703, † 1710, v. **Nº 17**
JOSUÉ RISLER,	1760, † 1778, v. **Nº 43**

HEINRICH RISZLER . IM IAHR .
1634   STARB   Aº   1643.

IOHANNES RISZLER.
im IAHR 1656
STARB. Aō 1665.

IEREMIA   RISZLER
IM IAHR   1666.
STARB. Aō   1685

IOHANNES
IM IAHR.
STARB.
RISZLER.
1675.
Aō 1695.

Herr Niclaus Rißler Burgermr
A° 1703
STARB 1710

Herr Josua Kißler Bürgerme[ister]

A° 17   60.
STARB   1778.

TABLEAUX GÉNÉALOGIQUES

Nᵒ I

JEAN ROSSEL, auteur de la famille RISLER
Bourgeois et banneret à Porrentruy en 1540

✕ le

JEANNE VERGIER [1].

Enfants :

1. JEAN, **Nᵒ 2,**
   ✕ .... MARGUERITE SCHMIDLIN.

2. NICOLAS, **Nᵒ 3,**
   ✕ .... MARTHE BELLENEY.

3. MARTHE,
   ✕ .... FRANÇOIS GODIN, de Montjoie.

4. GÉRARD,
   ✕ .... GUILLAUMETTE BOISSON.

5. JEANNE, * 20 févr. 1539,
   ✕ .... NICOLAS SCHMIDT, de Porrentruy.

6. HENRI, **Nᵒ 4,**
   ✕ en 1573, I. CATHERINE GROSHEINTZ;
   ✕ .... II. URSULE FINCK.

---

[1] Le chroniqueur PETRI, dans la première rédaction de son histoire de Mulhouse, donne les débuts de la généalogie de la famille RISLER et désigne la femme de JEAN I sous le nom de JEANNE VERGIER, ce qui nous paraît être plus exact que JEANNE VERNAY, nom donné par l'auteur de la première édition de la généalogie RISLER, publiée en 1850. En effet, nos recherches à Porrentruy nous ont permis de constater l'existence d'une famille VERGIER dans cette ville au XVIᵉ siècle, alors que nous n'y avons pas trouvé de famille VERNAY, à la même époque.

Nº 2

JEAN ROSSEL, de Porrentruy, fils de JEAN, Nº 1

× le

MARGUERITE SCHMIDLIN, † en 1606.

Enfants :

1. Jean Rossel, **Nº 5**, † en 1608,
    × 20 sept. 1595, Elisabeth Kachler.

2. Vérène, † 11 nov. 1632,
    × 16 nov. 1596, I. Daniel Grinæus, † en 1611 ;
    × .... II. Jacques Lind, économe de l'ordre Teutonique,
        † en 1629.

3. Jean-Philibert Rossel [1], surnommé Risler, * 6 oct. 1574, † avant 1633,
    × 26 avril 1613, Julienne Hartmann, veuve de Mathias Grosheintz.

4. Catherine,
    × .... Louis Loyel, prévôt de la ville de Porrentruy.

5. Henri, prévôt à Porrentruy,
    × .... Adèle Humbert.

6. Nicolas, conseiller à Porrentruy, * 2 mars 1579,
    × .... Elisabeth Jette.

7. Mathias, **Nº 6**, † après 1612,
    × en 1604, Elisabeth Scheltner, de Bâle.

Notes. — Jean Rossel (Nº 2), dit le jeune, fut conseiller à Porrentruy.

[1] Jean-Philibert Rossel fut conseiller, puis bourgmestre à Porrentruy. Admis comme bourgeois de la ville à Mulhouse, le 26 avril 1613. Il fut homme de lois. Après sa mort, sa veuve épousa, en troisièmes noces, en 1633, le bourgmestre Jean-Lucas Chmielecius.

———

N° 3

NICOLAS ROSSEL, de Porrentruy, fils de JEAN, N° 1
† en 1624
✕ le

MARTHE BELLENEY.

Enfants :

1. Jérôme[1], orfèvre, † en Hongrie.

2. Claude, **N° 7**, † avant 1625,
   ✕ en 1607, Elisabeth Ehrsam.

3. François, maître d'école à Bavans, ✳ 27 juill. 1572,
   ✕ .... Catherine Vurpillot.

4. Pierre, greffier de la Cour à Montbéliard, ✳ 29 juin 1574, † avant 1641,
   ✕ .... I. Jacqueline Windegger;
   ✕ .... II. Sabine Vaugery.

5. Thomas, bourgmestre à Porrentruy, ✳ 22 févr. 1575,
   ✕ .... Jeanne de Vallay.

6. Jeanne, ✳ 4 oct. 1580,
   ✕ .... I. Théodore Jeannot;
   ✕ .... II. Charles Lalance.

Notes. — Nicolas Rossel (N° 3) émigra à Montbéliard, en 1597, et y acquit le droit de bourgeoisie.

[1] Jérôme Rossel fit son apprentissage chez Jean Reichart, de 1593 à 1597, à Mulhouse, et obtint son certificat le 25 juillet 1597 (*Contracten-Protokoll*, N° 34, p. 117).

— 3 —

Nº 4

HENRI ROSSEL surnommé RISLER, fils de JEAN, Nº 1

✕ en 1573

I. CATHERINE GROSHEINTZ [1], † . . . . , ... ,
    fille de MATHIAS GROSHEINTZ, le jeune;

✕ le

II. URSULE FINCK, † . . . .
    fille d'OTHMAR FINCK, bourgmestre, et d'ODILE GILGAUER.

I. Enfants :

1. MARGUERITE, ✳ en 1575 (?), † avant 1605,
    ✕ en 1598, GASPARD FRANCK, de Nürtingen, † 27 nov. 1625.

2. ANNE, ✳ en 1576 (?), † en 1620 (?),
    ✕ 16 nov. 1596, WALTHER GOETZ.

3. JEAN, ✳ 15 juin 1578, † adolescent.

4. JÉRÉMIE, ✳ 25 sept. 1579.

5. MATHIAS, ✳ 26 oct. 1580.

6. CATHERINE, ✳ 13 janv. 1583, † vers 1625,
    ✕ 9 janv. 1604, GASPARD DOLLFUS, bourgmestre, ✳ en 1570, † en
    1634.

II. Enfants :

7. HENRI, **Nº 8**, ✳ 10 août 1589, † en 1643,
    ✕ 30 juill. 1612, CATHERINE HARTMANN.

8. JEAN, ✳ 24 juin 1599, † adolescent.

Notes. — HENRI ROSSEL (Nº 4) fut marchand-drapier à Mulhouse. Admis à la tribu des Tailleurs le 2 avril 1570.

[1] Suivant contrat de mariage figurant au *Contracten-Protokoll*, Nº 23 (Archives de Mulhouse).

JEAN ROSSEL surnommé RISLER, fils de JEAN, Nᵒ 2

✕ 16 nov. 1595

ELISABETH KACHLER, * 25 janv. 1573, † 13 mai 1608,
veuve de THOMAS KIEFER, hôtelier de l'Ange.

Enfants :

1. JEAN, **Nᵒ 9**, * 26 juin 1597, † 29 oct. 1665,
   ✕ 14 déc. 1618, I. BARBE HOFMANN;
   ✕ 8 août 1632, II. ELISABETH WAGNER;
   ✕ 24 mars 1645, III. ANNE-MADELEINE SOLMUTH.

2. DANIEL, **Nᵒ 10**, * 20 janv. 1600, † 2 mars 1660,
   ✕ 16 avril 1621, I. ANNE ZÜRCHER;
   ✕ . . . . II. WIBRAND ENGELMANN.

3. MARGUERITE, * 21 juill. 1604, † 8 nov. 1652,
   ✕ en 1622,   I. JACQUES GÜNTHER, tanneur, † en 1625;
   ✕ 7 mai 1627, II. ENGELBERT REBER;
   ✕ 16 oct. 1636, III. LOUIS WITZ.

4. NICOLAS, **Nᵒ 11**, * 2 mars 1608, † 22 janv. 1639,
   ✕ 28 sept. 1628, I. MADELEINE ARLENSPACH;
   ✕ 27 mai 1635, II. MARIE CORNETZ.

Notes. — JEAN ROSSEL (Nᵒ 5) fut hôtelier de l'Ange, à Mulhouse. Acquit le droit de bourgeoisie en 1595. Admis à la tribu des Tailleurs le 4 juin 1598, à celle des Agriculteurs en 1598.

MATHIAS ROSSEL surnommé RISLER, fils de JEAN, N° 2
† après 1612

✕ en 1604

ELISABETH SCHELTNER, ✳ 6 sept. 1579 à Bâle, † ....,
fille de JEAN-JACQUES SCHELTNER et de CATHERINE SPEYR.

Enfants :

1. CATHERINE, ✳ 31 mars 1605,
     ✕ 17 nov. 1623, JEAN-GEORGES SCHOEN, bourgmestre en 1670,
     ✳ 29 mars 1601, † 27 juin 1675.

2. MATHIAS[1], ✳ 4 août 1607.

3. JEAN-HENRI, ✳ 12 nov. 1609.

Notes. — ELISABETH SCHELTNER, la femme de MATHIAS ROSSEL (N° 6), se remaria, le 11 avril 1616, avec MATHIAS SCHMERBER, hôtelier de la Demi-Lune.

[1] MATHIAS ROSSEL fut boucher. Reçu à la tribu des Bouchers, le 27 avril 1628, et s'enrôla comme soldat, sans qu'on eut ensuite de ses nouvelles. (Annotation du registre de cette tribu.

N.º 7

CLAUDE ROSSEL surnommé RISLER, fils de NICOLAS, N° 3
† avant 1625

✕ en 1607

ELISABETH EHRSAM, ✳ 22 nov. 1584, † ....,
fille de Félix Ehrsam et d'Elisabeth Landsmann.

Enfants :

1. Vérène, ✳ 9 nov. 1608, † avant 1619.

2. Jean-Rodolphe [1], ✳ 25 févr. 1610, † 19 déc. 1664,
    ✕ en 1650, Jeanne Reinhardt.

3. Elisabeth, ✳ 5 sept. 1611, † adolescente.

4. Marthe, ✳ 21 mars 1613, † ....
    ✕ 21 mai 1635, I. André Kachler, † en 1644;
    ✕ 22 juin 1638, II. Jean-Michel Franck [2], † 15 avril 1693.

5. Anne, ✳ 14 mai 1615, † 27 février 1638.

6. Jérémie, N° 12, ✳ 18 sept. 1816, † 17 oct. 1685,
    ✕ 27 janv. 1640, I. Marguerite Cornetz;
    ✕ 6 mai 1659, II. Elisabeth Hartmann.

7. Vérène, ✳ 17 janv. 1619, † 20 juillet 1626.

Notes. — Claude Rossel (N° 7) fut marchand-drapier à Mulhouse. Admis, le 29 nov. 1607, à la tribu des Tailleurs et, le 5 févr. 1617, à celle des Bouchers.

Après la mort de Claude Rossel, sa femme, Elisabeth Ehrsam, se remaria, en 1625, avec Philippe Engelmann, bourgmestre à Mulhouse.

[1] Jean-Rodolphe, après avoir séjourné pendant dix ans en Angleterre (v. *Chronique Engelmann*), s'établit à Montbéliard, y reprit le nom de Rossel et devint membre de la Chambre des finances et conseiller à la régence. Ses nombreux descendants, qui n'ont jamais tenté de s'établir à Mulhouse, ont fourni plusieurs conseillers à la régence de Montbéliard. Toutefois, son fils et ses petit-fils demandèrent et obtinrent la continuation du droit de bourgeoisie mulhousien, qui avait été maintenu à Jean-Rodolphe en 1656.

[2] Jean-Michel Franck, fut admis, le 1er avril 1638, à la tribu des Bouchers.

— 7 —

HENRI RISLER, le jeune, fils de HENRI, Nº 4
* 10 août 1589, † 15 novembre 1643

✕ 20 juill. 1612

CATHERINE HARTMANN, * 22 mars 1586, † ....,
fille d'ANTOINE HARTMANN, bourgmestre, et de CATHERINE HUBER.

Enfants :

1. URSULE, * 29 mai 1614, † avant 1616.

2. AGNÈS, * 21 mai 1615, † 1ᵉʳ sept. 1690,
    ✕ .... I. JEAN-HENRI WILD, de Montbéliard, † en 1640;
    ✕ 29 oct. 1646, II. JEAN-HENRI BAUMGARTNER, de Frankenberg (Hesse-Nassau).

3. URSULE, * 30 oct. 1616, † ....
    ✕ .... I. CHRISTOPHE WERNER J. U. L., † 1648;
    ✕ 18 juin 1650, II. NICOLAS-FRÉDÉRIC LÖSCHER.

4. CATHERINE, * 10 févr. 1619, † 19 avril 1684,
    ✕ en 1645, JÉRÔME MEYER, notaire, de Bâle, puis intendant des comtes DE WALDNER, à Sierentz.

5. HENRI, * 3 juin 1621, † avant 1623.

6. HENRI, * 15 janv. 1623, † avant 1629.

7. ANTOINE, Nº 13, * 13 oct. 1624, † en 1674,
    ✕ 9 sept. 1650, ANNE SCHMIDT.

8. HENRI, Nº 14, * 6 déc. 1629, † 17 avril 1686,
    ✕ 31 juill. 1654, CATHERINE WITZ.

Notes. — HENRI RISLER, le jeune (Nº 8), fut chef de tribu, à Mulhouse, en 1625; conseiller en 1626; bourgmestre en 1634. Admis à la tribu des Tailleurs, le 23 août 1612, à celle des Vignerons, le 24 janv. 1613, et à celle des Bouchers, le 5 févr. 1617.

JEAN RISLER, fils de JEAN, Nº 5
* 26 juin 1597, † 27 oct. 1665

✕ 14 déc. 1618

I. BARBE HOFMANN, * 26 avril 1592, † en 1631,
fille de THOMAS HARTMANN et de SARA GÖTZ et veuve des
bourgmestres JACQUES GROSHEINTZ et ANTOINE HARTMANN;

✕ 8 août 1631

II. ELISABETH WAGNER, * 12 mai 1596, † en 1645,
fille de RICHARD WAGNER et de CATHERINE ANDRÈS;

✕ 24 mars 1645

III. ANNE-MADELEINE SOLMUTH, † . . . . ,
veuve ERHARD STRŒBEL, de Feüchten (Palatinat supérieur).

I. Sans Enfants.

II. Enfants :

1. JEAN-HENRI, Nº 15, * 9 sept. 1632, † 1er oct. 1655,
✕ 13 mars 1654, ROSINE ENGELMANN.

2. DANIEL, * 29 juill. 1635, † adolescent.

III. Sans Enfants.

Notes. — JEAN RISLER (Nº 9), économe de l'abbaye de Lucelle, fut admis, le 20 déc. 1618, à la tribu des Tailleurs et à celle des Bouchers le 20 mars 1639. Zunftmestre en 1633, conseiller en 1645. Délégué de la république de Mulhouse à l'installation du Conseil souverain d'Alsace, en 1658. Bourgmestre de 1656 à 1665.

____

N° 10

DANIEL RISLER, fils de JEAN, N° 5
* 20 janv. 1600, † 3 mars 1660

✕ 16 avril 1621

I. ANNE ZÜRCHER, * 25 mai 1600 à Illzach, † après 1624,
fille de MARTIN ZÜRCHER et d'ELISABETH FRIEDRICH;

✕ en 1627

II. WIBRAND ENGELMANN, * 25 juin 1598, † 20 mars 1681,
fille de PHILIPPE ENGELMANN, bourgmestre, et de ROSINE
ROPPOLT, et veuve du pasteur MATHIAS HOFER, † 1er juillet 1619.

I. Enfants :

1. ELISABETH, * 26 mai 1622, † adolescente.

2. ANNE, * 3 oct. 1624, à Illzach, † 7 déc. 1690,
✕ 18 avril 1642, JEAN-GEORGES HAMMER, conseiller, † 7 mai 1690.

II. Enfants :

3. JEAN, * 16 mars 1628, † en 1629.

4. JEAN, N° 16, * 3 janv. 1630, † 31 mars 1695,
✕ 24 mai 1651, ELISABETH WEISS.

5. ELISABETH, * 10 juill. 1631, † 4 déc. 1670,
✕ 6 août 1649, JEAN-JACQUES ZUBER, † 11 mai 1721.

6. PHILIPPE[1], * 30 sept. 1635, † célibataire en Italie.

7. ROSINE, * 3 mai 1640, † 24 déc. 1644.

Notes. — DANIEL RISLER (N° 10), boucher, à Mulhouse, acquit le droit de bourgeoisie
le 16 avril 1621 et fut admis à la tribu des Bouchers le 12 janv. 1622. Il devint sous-prévôt
de la ville.

[1] PHILIPPE RISLER fit son apprentissage de tisseur de laine, en 1652.

NICOLAS RISLER, fils de JEAN, N.º 5
∗ 2 mars 1608, † 22 janv. 1639

✕ 28 sept. 1628

I. MADELEINE ARLENSPACH, ∗ 2 oct. 1603, † en 1632,
fille de MICHEL ARLENSPACH et d'ELISABETH MANESSER;

✕ 27 mai 1635

II. MARIE CORNETZ[1], ∗ en 1616, † 17 sept. 1685,
fille de JEAN-NICOLAS CORNETZ et de MARTHE MARX.

I. Enfants :

1. ELISABETH, ∗ 24 sept. 1629, † avant 1632.

2. JEAN, ∗ 12 sept. 1630, † adolescent.

3. ELISABETH, ∗ 14 mars 1632, † . . . .

II. Enfants :

4. MARGUERITE, ∗ 11 sept. 1636, † . . . .

5. MARIE, ∗ 15 juill. 1638, † . . . .

6. MARTHE, ∗ 1er sept. 1639, † . . . .

Notes. — NICOLAS RISLER (N.º 11), tanneur, à Mulhouse, acquit le droit de bourgeoisie le 28 sept. 1628, et fut admis à la tribu des Bouchers, le 12 oct. 1628.

[1] MARIE CORNETZ se remaria, en secondes, le 7 mai 1640, avec HARTMANN KOECHLIN, tonnelier, et, en troisièmes noces, le 6 juin 1659, avec WOLF-FRÉDÉRIC LOESCHER, chef de tribu.

JÉRÉMIE RISLER, fils de CLAUDE, N° 7
* 18 sept. 1616, † 6 déc. 1685

✕ 27 janv. 1640

I. MARGUERITE CORNETZ, * . . . ., † 2 déc. 1657,
fille de JEAN-NICOLAS CORNETZ et de MARTHE MARX;

✕ 16 mai 1659

II. ELISABETH HARTMANN, * 5 mai 1639, † 25 mars 1682,
fille de JEAN HARTMANN et de BARBE RITTER.

I. Enfants :

1. NICOLAS, **N° 17,** * 28 mars 1641, † 13 mai 1710,
✕ 24 nov. 1662, SALOMÉ SCHLUMBERGER.

2. MARTHE, * 21 mai 1643, † avant 1656.

3. ELISABETH, * 16 août 1646, † 18 avril 1726,
✕ 7 sept. 1663, GODEFROI ENGELMANN D. M., bourgmestre, † 8 févr.
1719.

4. RODOLPHE, **N° 18,** * 17 janv. 1649, † 5 nov. 1720,
✕ 11 déc. 1671, I. JEANNE HÜGENY;
✕ 2 juill. 1688, II. URSULE WEBER;
✕ 3 avril 1693, III. ELISABETH SCHMIDT.

5. ANNE-SABINE, * 25 mai 1651, † 19 janvier 1708,
✕ 30 août 1669, HENRI FEER, membre du Conseil, † 24 avril 1704.

6. MARGUERITE, * 14 mai 1654, † 14 mars 1714,
✕ 16 sept. 1672, I. JEAN-ULRIC SCHLUMBERGER V. D. M., † 23 juin
1693;
✕ 7 sept, 1696, II. MATHIAS ABT, membre du Conseil, † 1er sept. 1706.

7. MARTHE, * 9 nov. 1656, † 2 août 1713,
✕ 7 août 1676, I. PIERRE RISLER **N° 16;**
✕ 20 févr. 1693, II. SÉBASTIEN WEITNAUER, † 1er mai 1743.

II. Enfants :

8. JÉRÉMIE, * 4 mars 1660, † 11 mai 1682. Célibataire.

9. JEAN, * 28 févr. 1661, † 22 févr. 1671.

10. BARBE, * 20 juill. 1664, † 3 sept. 1724,
     ✕ 10 déc. 1683, PHILIPPE ENGELMANN, † 16 déc. 1725.

11. ANNE-CATHERINE, * 29 oct. 1676, † 11 mars 1762,
     ✕ 20 nov. 1693, JEAN-HENRI REBER J. U. L., greffier-syndic, † 10 sept.
     1728.

Notes. — JÉRÉMIE RISLER (N° 12) fut admis, le 2 févr. 1640, à la tribu des Tailleurs et acquit le droit de bourgeoisie à Mulhouse la même année. Il fut chef de tribu en 1659, conseiller en 1661 et bourgmestre en 1666. Délégué, en 1675, avec le greffier-syndic de la ville, JACQUES HENRIC-PETRI, pour assister à la réception faite à LOUIS XIV lors de son voyage en Alsace (M. GRAF, *Chronique,* t. III, p. 12).

— 13 —

N° 13

ANTOINE RISLER, fils de HENRI, **N° 8**
* 31 oct. 1624, † en 1674

✕ 9 sept. 1650

ANNE SCHMIDT, * 28 nov. 1632, † 4 févr. 1696,
fille de DANIEL SCHMIDT et d'URSULE GEYELIN.

Enfants :

1. CATHERINE, * 16 juill. 1651, † avant 1672.

2. HENRI[1], * 6 nov. 1653, † 5 nov. 1721,
   ✕ 11 sept. 1682, CATHERINE EDELMEYER, † 4 févr. 1731.

3. URSULE, * 14 déc. 1656, † en 1657.

4. URSULE, * 5 juin 1659, † . . . .

5. AGNÈS, * 23 sept. 1660, † 11 mai 1748,
   ✕ 4 juill. 1692, I. JEAN ZÜRCHER, † 22 août 1698 ;
   ✕ 28 oct. 1709, II. MATHIAS BENNER, boucher, † 29 mai 1728.

6. DANIEL[2], * 25 mars 1666, † 3 avril 1729,
   ✕ . . . . SUZANNE-ELISABETH X. . . . .

7. JULIENNE, * 14 juill. 1669, † . . . .

8. CATHERINE, * 21 déc. 1672, † . . . .

Notes. — ANTOINE RISLER (N° 13) fut admis, en 1649, à la tribu des Tailleurs et, le 22 juin 1653, à celle des Agriculteurs. Il acquit le droit de la bourgeoisie à Mulhouse le 9 sepembre 1650.

[1] Potier de terre, admis le 15 oct. 1682, à la tribu des Maréchaux. Il n'eut point d'enfants.

[2] DANIEL RISLER vint à Mulhouse d'Osthofen (Palatinat), le 28 avril 1722, pour vendre un droit de succession à un legs que lui avait laissé son frère HENRI. D'après les renseignements que nous avons pu avoir à Osthofen, ce DANIEL RISLER y serait décédé le 3 avril 1729 ; son épouse SUZANNE-ELISABETH (le nom de famille n'est pas mentionné dans les archives d'Osthofen) serait décédée le 21 août 1727. Les RISLER seraient assez nombreux à Osthofen, nul doute que ce sont les descendants de DANIEL RISLER et de SUZANNE-ELISABETH X. . . . ., son épouse.

N° 14

HENRI RISLER, fils de HENRI, N° 8
* 6 déc. 1629, † 17 avril 1686

✕ 31 juill. 1654

CATHERINE WITZ, * 8 oct. 1637, † 28 oct. 1699,
fille de JEAN-LOUIS WITZ et de MARGUERITE RISLER N° 5.

Enfants :

1. JEAN-HENRI, * 11 sept. 1655, † 18 février 1661.

2. JEAN, **N° 19**, * 8 juill. 1657, † 1er août 1730,
   ✕ 13 mars 1685, I. MARGUERITE FLORENTZ;
   ✕ 6 nov. 1699, II. ANNE STOLTZ.

3. MARGUERITE, * 4 sept. 1659, † avant 1667.

4. HENRI, * 27 oct. 1661, † avant 1667.

5. JEAN-LOUIS, * 23 sept. 1663, † adolescent.

6. CATHERINE, * 1er févr. 1665, † 28 déc. 1738,
   ✕ 1er juill. 1700, I. JEAN-GEORGES HUBER, † 12 juill. 1703;
   ✕ 14 janv. 1704, II. JÉRÉMIE FEER.

7. HENRI, **N° 20**, * 15 mai 1667, † 17 avril 1738,
   ✕ 16 juin 1702, I. ROSINE GÖTZ;
   ✕ 3 mars 1704, II. ANNE-CATHERINE ABT;
   ✕ 26 juin 1713, III. ELISABETH EHRLEN.

8. JEAN-FRANÇOIS, * 4 juill. 1669, † adolescent.

9. MARGUERITE, * 24 déc. 1671, † avant 1673.

10. MARGUERITE, * 17 sept. 1673, † ....

11. DANIEL, **N° 21**, * 16 janv. 1677, † 6 oct. 1750,
    ✕ 21 nov. 1718, ELISABETH LIEBACH.

Notes. — HENRI RISLER (N° 14) fut admis, en 1653, à la tribu des Tailleurs, à Mulhouse. Il devint, en 1674, un des Six de la tribu des Agriculteurs. Porte-drapeau du contingent de troupes envoyées en 1653 à Lucerne, pour y réprimer une sédition.

N° 15

JEAN-HENRI RISLER, fils de JEAN, N° 9
✻ 9 sept. 1632, † 1er oct. 1655

✕ 13 mars 1654

ANNE-ROSINE ENGELMANN[1], ✻ 23 août 1635, † 14 mars 1700,
fille de JEAN-HENRI ENGELMANN et de CATHERINE HARTMANN.

Enfant :

1. ANNE-MADELEINE, ✻ 28 janv. 1655, ✻ 25 déc. 1709,
    ✕ 23 juin 1673, PHILIPPE-JACQUES ZUBER, pharmacien, † 17 févr. 1723.

Notes. — JEAN-HENRI RISLER (N° 15) fut S. M. C. *(Sancti ministerii candidatus)* à Mulhouse. Il étudia à l'Université de Bâle en 1647; devint bachelier en philosophie et maître ès-arts en 1650. (AUGUSTE STOEBER, *Bulletin du Musée historique*, année 1879.)

[1] ANNE-ROSINA ENGELMANN épousa, en secondes noces, le 20 juill. 1657, GASPARD DOLLFUS († 22 mars 1685).

— 16 —

N° 16

JEAN RISLER, fils de DANIEL, N° 10
* 3 janv. 1630, † 31 mars 1695

✕ 24 mai 1651

ELISABETH WEISS, * 16 janv. 1633, † 26 mai 1697,
fille de CHRISTOPHE WEISS et d'ELISABETH SUMMER.

Enfants :

1. MARGUERITE, * 23 mars 1653, † célibataire.

2. DANIEL, **N° 22**, * 12 avril 1654, † 20 avril 1732,
    ✕ 22 avril 1678, I. ANNE HARTMANN ;
    ✕ 4 avril 1692, II. MADELEINE SCHOEN.

3. PIERRE, **N° 23**, * 13 juill. 1655, † 5 avril 1691,
    ✕ 7 août 1676, MARTHE RISLER, du **N° 12**.

4. BARBE, * 1er févr. 1657, † 12 avril 1682,
    ✕ 15 nov. 1680, JOSUÉ ROBERT, pasteur français à Mulhouse, † 23 févr.
    1699.

Notes. — JEAN RISLER (N° 16) fut tanneur à Mulhouse. Admis, le 30 mai 1652, à la tribu des Bouchers, il devint chef de tribu en 1666, conseiller en 1668 et bourgmestre en 1675. Délégué de la république de Mulhouse pour aller complimenter le roi LOUIS XIV à Ensisheim, en 1681.

N° 17

NICOLAS RISLER, fils de JÉRÉMIE, N° 12
* 28 mars 1641, † 11 mai 1710

✕ 24 nov. 1662

SALOMÉ SCHLUMBERGER, * 30 nov. 1645, † 22 nov. 1696,
fille de Jean-Ulric Schlumberger, conseiller, et de Salomé
Weiss.

Enfants :

1. Jérémie, **N° 24**, * 25 oct. 1663, † 8 juill. 1713,
    ✕ 25 févr. 1684, I. Elisabeth Reber ;
    ✕ 5 mars 1708, II. Anne-Catherine Abt.

2. Jean-Ulric, * 21 nov. 1666, † adolescent.

3. Nicolas, * 1ᵉʳ nov. 1668, † adolescent.

Notes. — Nicolas Risler (N° 17), tisseur de laine, à Mulhouse, fut admis, le 13 déc. 1662, à la tribu des Tailleurs. Il devint chef de tribu en 1687, conseiller en 1691, chef des travaux municipaux en 1695 et bourgmestre en 1703.

———

RODOLPHE RISLER, fils de JÉRÉMIE, N° 12
* 17 janv. 1649, † 5 nov. 1720

✕ 11 déc. 1671

I. JEANNE HUGUENIN, * . . . ., † 18 déc. 1687;

✕ 2 juill. 1688

II. URSULE WEBER, * 14 mai 1663, † 19 août 1689,
fille de PIERRE WEBER, pasteur à Illzach, et d'ANNE LIEBACH;

✕ 3 avril 1693

III. ELISABETH SCHMIDT, * . . . ., † 31 mai 1718.

I. Enfants :

1. JUDITH, * 3 nov. 1672, † 3 janv. 1729,
  ✕ 5 déc. 1692, I. JEAN-HENRI DOLLFUS, † 13 févr. 1704;
  ✕ 20 avril 1705, II. MATHIAS HAESSLER, † 1er févr. 1730.

2. MARGUERITE, * 27 sept. 1674, † 5 oct. 1712,
  ✕ 15 oct. 1694, MATHIAS HOFER, † 26 févr. 1714.

3. JÉRÉMIE, N° 25, * 1er juill. 1677, † 27 juill. 1713,
  ✕ 20 nov. 1702, à Illzach, ANNE-MARIE SCHERB.

II. Sans Enfants.

III. Sans Enfants.

Notes. — RODOLPHE RISLER (N° 18), tisseur de laine, à Mulhouse, fut admis, le 14 jany. 1672, à la tribu des Tailleurs et devint chef de tribu en 1710.

JEAN RISLER, fils de HENRI, N° 14
* 8 juill. 1657, † 1er août 1730

× 3 mars 1685, à Barr,

I. MARGUERITE FLORENTZ, * 4 juill. 1667 à Barr, † 28 juill. 1697, fille de .... FLORENTZ et de CATHERINE-VÉRONIQUE JACOB[1];

× 6 nov. 1699, à Mulhouse,

II. ANNE STOLTZ[2], * 25 nov. 1660, † 5 avril 1731, fille de JEAN-GEORGES STOLTZ et d'ANNE ERMENDINGER.

I. Enfants :

1. CATHERINE, * 18 déc. 1687, † 21 nov. 1693.

2. JEAN-HENRI, N° 26, * 27 avril 1690, † 2 janv. 1744, × 26 oct. 1711, JUDITH FRÜH, de Bâle.

3. DANIEL, * 1er févr. 1691, † 25 févr. 1695.

4. JEAN-PHILIPPE, * 30 mars 1694, † 12 juill. 1695.

5. MARGUERITE, * 19 janv. 1696, † 30 mars 1711.

II. Sans Enfants.

Notes. — JEAN RISLER (N° 19) fut huissier-audiencier, à Mulhouse.

[1] *Contractenprotokoll*, II A., p. 8 (Archives de Mulhouse).
[2] Femme divorcée de FRÉDÉRIC BLECH, boucher.

HENRI RISLER, fils de HENRI, N° 14
* 15 mai 1667, † 17 avril 1738
✕ 16 juin 1702

I. ANNE-ROSINE GOETZ, * 29 nov. 1676, † 7 nov. 1703,
fille de WALTHER GOETZ, tanneur, et de MARIE-CLÉOPHÉE
HOFER ;

✕ 3 mars 1704

II. CATHERINE ABT, * 5 mai 1680, † 10 janv. 1713,
fille de MATHIAS ABT et de MARGUERITE BRÜSTLEIN ;

✕ 26 juin 1713

III. ELISABETH EHRLIN [1], * 24 nov. 1689, † 18 avril 1766,
fille de JEAN EHRLIN et de MADELEINE MEYER ;

I. Enfants :

1. MARIE-CLÉOPHÉE, * 24 mai 1703, † 16 nov. 1782,
✕ 30 mai 1722, JEAN-ULRIC HOLZSCHUH, † 5 févr. 1760.

II. Enfants :

2. HENRI, * 25 juin 1705, † 29 juill. 1705.

3. CATHERINE, * 30 janv. 1707, † 22 mars 1781,
✕ 12 juill. 1728, JEAN-GEORGES SCHLUMBERGER, † 10 juill. 1766.

III. Enfants :

4. JEAN-HENRI, * 23 avril 1714, † 24 avril 1714.

5. JEAN-HENRI, N° 27, * 25 juill. 1715, † 2 mars 1776,
✕ 11 févr. 1737, SUZANNE SCHMALZER.

6. MADELEINE, * 28 juill. 1720, † 28 mai 1792,
✕ 26 janv. 1739, JACQUES FRANCK, † 1er mai 1775.

7. ELISABETH, * 15 nov. 1722, † 25 juill. 1803,
✕ 21 nov. 1740, JEAN-HENRI MANSBENDEL, † 1er nov. 1806.

Notes. — HENRI RISLER (N° 20), tisseur de laine, à Mulhouse, fut admis, le 17 déc.
1702, à la tribu des Tailleurs.

[1] ELISABETH EHRLIN épousa, en secondes noces, le 9 juill. 1742, JEAN-HENRI BENNER,
tisseur de laine (1717, † 1789).

DANIEL RISLER, fils de HENRI, N° 14
* 16 janv. 1677, † 6 oct. 1750

X 21 nov. 1718

ELISABETH LIEBACH, * 4 sept. 1687, † 2 févr. 1766,
fille de NICOLAS LIEBACH et de MADELEINE GROSHEINTZ.

Enfants :

1. CATHERINE, * 9 août 1719, † 17 août 1719.

2. MADELEINE, * 22 sept. 1720, † 11 sept. 1723.

3. CATHERINE, * 3 sept. 1724, † 28 août 1727.

4. MARGUERITE, * 26 mars 1729, † 26 mars 1730.

5. CATHERINE, * 5 nov. 1730, † 24 juill. 1731.

Notes. — DANIEL RISLER (N° 21) fut admis, le 18 déc. 1718, à la tribu des Tailleurs.

DANIEL RISLER, fils de JEAN, N° 16
* 12 avril 1654, † 20 avril 1732

✕ 22 avril 1678

I. ANNE HARTMANN, * 21 mai 1656, † 2 déc. 1691,
fille de Jean-Michel Hartmann et de Barbe Brunner;

✕ 4 avril 1692

II. MADELEINE SCHOEN, * 26 janv. 1642, † 26 août 1731,
fille de Georges Schoen et de Catherine Risler du **N° 6**,
et veuve de Laurent Heilmann.

I. Enfants :

1. ELISABETH, * 23 févr. 1679, † ....,
   ✕ 12 déc. 1698, I. Frédéric Kielmann, † 21 août 1726;
   ✕ .... II. Jean-Georges Heilmann, bailli d'Illzach (1672,
   † 1732).
2. JEAN, **N° 28**, * 9 nov. 1681, † 1er sept. 1755,
   ✕ 24 oct. 1701, I. Rosine Fürstenberger;
   ✕ 17 juill. 1719, II. Anne Huguenin.
3. JEAN-MICHEL ⎫ * 13 juin 1683 ⎧ † 30 juin 1683.
4. DANIEL ⎭ ⎩ † 2 avril 1684.
5. DANIEL, * 20 mai 1685, † 16 juill. 1686.
6. PHILIPPE, * 5 avril 1687, † 10 sept. 1688.
7. BARBE, * 11 sept. 1689, † 4 mai 1764,
   * 19 juill. 1711, I. Jean-Georges Hartmann, † 10 février 1720;
   * 27 avril 1722, II. Henri Hartmann, † 20 mars 1740.
8. DANIEL, * 3 nov. 1691, † 28 oct. 1692.

II. Sans Enfants.

Notes. — DANIEL RISLER (N° 22), tanneur, à Mulhouse, fut admis, le 12 mai 1678, à la tribu des Bouchers et, le 22 déc. 1706, à celle des Vignerons. Il devint chef de tribu en 1695, conseiller des Vignerons en 1706 et trésorier en 1719. Étudiant à l'Université de Bâle en 1670. (*Bulletin du Musée historique de Mulhouse,* année 1879, Aug. Stoeber.)

PIERRE RISLER, fils de JEAN, N° 16
* 13 juill. 1655, † 5 avril 1691

✕ 7 août 1676

MARTHE RISLER, * 9 nov. 1656, † 20 août 1713,
fille de JÉRÉMIE RISLER (**N° 12**), bourgmestre, et de MAR-
GUERITE CORNETZ.

Enfants :

1. JEAN, **N° 29**, * 9 juill. 1677, † 11 avril 1720,
   * 19 juin 1699, URSULE FÜRSTENBERGER.

2. JÉRÉMIE, * 11 mai 1679, † 8 sept. 1685.

3. PIERRE, **N° 30**, * 31 janv. 1681, † 6 mars 1724,
   ✕ 12 février 1703, BARBE HAESSLER.

4. ELISABETH, * 15 avril 1683, † 2 mars 1686.

5. JÉRÉMIE, **N° 31**, * 22 août 1686, † 19 sept. 1763,
   ✕ 5 mars 1708, JUDITH REBER.

6. MARTHE, * 26 déc. 1688, † 30 avril 1726,
   * 26 sept. 1707, MARTIN WILD, † 15 mars 1740.

7. DANIEL, **N° 32**, posthume, * 27 mai 1691, † 14 févr. 1751,
   ✕ 4 avril 1712, ANNE-CATHERINE CORNETZ.

Notes. — PIERRE RISLER (N° 23), tanneur, à Mulhouse, fut admis, le 8 oct. 1676, à la
tribu des Bouchers.

N° 24

JÉRÉMIE RISLER, fils de NICOLAS, N° 17
* 25 oct. 1663, † 8 juill. 1713

✕ 25 février 1684

I. ELISABETH REBER, * 21 févr. 1666, † 3 nov. 1707,
   fille de JEAN-HENRI REBER, greffier-syndic, et de JUDITH
   FÜRSTENBERGER ;

✕ 5 mars 1708

II. ANNE-CATHERINE ABT, * 27 juin 1675, † 7 août 1729,
   fille de JEAN-GEORGES ABT et de SALOMÉ WOLF, et veuve de
   JEAN BUSCHARD, drapier, de Strasbourg.

I. Enfants :

1. JÉRÉMIE, * 7 déc. 1684, † 12 juin 1686.

2. NICOLAS, * 9 avril 1686, † 10 avril 1686.

3. Un fils
4. SALOMÉ } * 11 janv. 1687, † 12 janv. 1687.

5. SALOMÉ, * 31 mars 1688, † 28 oct. 1762,
   ✕ 27 juin 1707, JEAN-HENRI WILLY V. D. M., † 2 avril 1732.

6. NICOLAS, N° 33, * 20 novembre 1690, † 29 sept. 1777,
   ✕ 31 avril 1714, ANNE GOETZ.

7. JÉRÉMIE, N° 34, * 6 oct. 1693, † 18 sept. 1763,
   ✕ 5 oct. 1716, MARIE-CLÉOPHÉE HOFER.

8. JEAN-HENRI, * 5 sept. 1696, † 6 sept. 1696.

9. JUDITH, * 26 avril 1700, † 19 mai 1763,
   ✕ 29 juill. 1720, I. JEAN-ULRIC LAUTERBURGER, † 10 nov. 1727 ;
   ✕ 20 sept. 1728, II. JEAN-JACQUES BLECH, † 12 août 1786.

II. Sans Enfants.

Notes. — JÉRÉMIE RISLER (N° 24), tisseur de laine, fut admis, le 25 mai 1684, à la tribu des Tailleurs. Il devint chef de tribu en 1711.

JÉRÉMIE RISLER, fils de RODOLPHE, N° 18

* 1er juill. 1677, † 27 juill. 1713

✕ 20 nov. 1702, à Illzach

ANNE-MARIE SCHERB, * 9 mars 1679 à Colmar, † 9 nov. 1758 à Mulhouse,
fille de JEAN-GEORGES SCHERB et d'ANNE-MARIE REICHEISEN.

Enfants :

1. JEAN-RODOLPHE, * 26 août 1703, † 2 nov. 1709.

2. JEAN-GEORGES, N° 35, * 29 nov. 1705, † 6 avril 1743,
  ✕ 19 févr. 1737, I. MADELEINE DOLLFUS;
  ✕ 2 févr. 1738, II. ANNE-CATHERINE LAEDERICH.

3. JÉRÉMIE, N° 36, * 22 janv. 1708, † 15 avril 1750,
  ✕ 5 sept 1729, ANNE BRAND.

4. ANNE-MARIE, * 19 juin 1710, † 23 déc. 1788,
  ✕ 9 mars 1727, MARTIN STUMM.

Notes. — JÉRÉMIE RISLER (N° 25), tisseur de laine, à Mulhouse, fut admis, le 17 déc. 1702, à la tribu des Tailleurs.

N° 26

JEAN-HENRI RISLER, fils de JEAN, N° 19

* 27 avril 1690, † 2 janv. 1744

× 26 oct. 1711, à Bâle

JUDITH FRÜHE, * 9 oct. 1688 à Bâle, † . . . .
fille de JEAN-JACQUES FRÜHE et d'ANNE-BARBE TAESCH.

Enfants :

1. ANNE-BARBE, * 22 oct. 1713, † 24 avril 1714.
2. JEAN, N° 37, * 7 mars 1717, † . . . .
× . . . . MARGUERITE KRIEGER, de Braunschweig.
3. HENRI, * 10 août 1719, † en 1719.

Notes. — JEAN-HENRI RISLER (N° 26) fut admis, le 20 dèc. 1711, à la tribu des Tailleurs.

N° 27

JEAN-HENRI RISLER, fils de HENRI, N° 20

* 25 juill. 1715, † 2 févr. 1776

× 11 févr. 1737

SUZANNE SCHMALZER, * 15 janv. 1718, † 21 mai 1804,
fille de JEAN-JACQUES SCHMALZER et d'ANNE-CATHERINE
BRAUN.

Enfants :

1. ELISABETH, * 25 déc. 1737, † 24 févr. 1807.
2. A.-CATHERINE, * 13 août 1739, † 17 août 1774,
× 30 oct. 1758, MARTIN ZUBER.
3. JEAN-HENRI, N° 38, * 19 juill. 1750, † 4 avril 1825,
× 9 mars 1774, ANNE-CATHERINE KOHLER.

Notes. — JEAN-HENRI RISLER (N° 27), drapier, à Mulhouse, fut admis, le 14 févr. 1737, à la tribu des Tailleurs.

JEAN RISLER, fils de DANIEL, N° 22
* 9 nov. 1681, † 1ᵉʳ sept. 1755

× 24 oct. 1701

I. ROSINE FÜRSTENBERGER, * 11 juin 1682, † 7 déc. 1718,
fille de JOSUÉ FÜRSTENBERGER, greffier-syndic, puis bourgmestre, et de BARBE HOLZSCHUH;

× 17 juill. 1719

II. ANNA HUGUENIN, * 2 mai 1688, † 18 avril 1753,
fille de DANIEL HUGUENIN et de ROSINE REBER.

I. Enfants :

1. JOSUÉ, N° **39**, * 13 août 1702, † 26 sept. 1774,
   × 1ᵉʳ sept. 1727, BARBE EBNETER, de Bâle.

2. ANNE-BARBE, * 28 sept. 1704, † 20 janv. 1792,
   × 15 nov. 1728, I. JACQUES MEYER V. D. M., † 5 janv. 1757;
   × 11 juin 1760, II. NICOLAS HEILMANN, bourgmestre, † 4 mai 1766.

3. DANIEL, N° **40**, * 17 oct. 1706, † 18 juin 1787,
   × 30 janv. 1729, BARBE SCHWARTZ.

4. ROSINE, * 4 mars 1709, † 2 juin 1737,
   × 9 mars 1733, VALENTIN FRIES[1] V. D. M., † 23 mai 1768.

5. JEAN, * 26 mars 1711, † 30 mars 1711.

6. JEAN, * 19 déc. 1712, † 13 mars 1713.

7. ELISABETH, * 4 mars 1714, † 25 mars 1798,
   × 2 nov. 1733, JACQUES RISLER (**N° 48**).

8. JEAN, N° **41**, * 13 sept. 1716, † 13 sept. 1800,
   × 25 août 1738, A.-MARGUERITE LAUTERBURGER.

9. JACQUES, * 9 oct. 1718, † 27 avril 1719.

II. Enfants :

10. JUDITH, ✷ 8 août 1720, † 25 juil. 1723.

11. ANNE, ✷ 10 oct. 1722, † 12 oct. 1799,
    ✕ 25 mars 1743, PAUL SCHWARTZ, † 18 janv. 1782.

12. JEAN-HENRI, ✷ 25 sept. 1726, † 17 avril 1727.

13. JEAN-HENRI, **N° 42**, ✷ 28 sept. 1727, † en 1785,
    ✕ 14 déc. 1750, CATHERINE RISLER, du **N° 32**.

14. JEAN-MICHEL, ✷ 5 mars 1730, † 18 juin 1731.

Notes. — JEAN RISLER (N° 28), tanneur à Mulhouse, fut admis, le 11 déc. 1701 à la tribu des Bouchers et, le 22 sept. 1726, à celle des Agriculteurs. Chef de tribu 1732 Conseiller 1737. Trésorier 1747.

[1] VALENTIN FRIES (Verbi Dei magister) fut étudiant à l'Université de Bâle, 7 juin 1721. Diacre à l'église Saint-Etienne. Pasteur en 1737. Il mourut le 23 mai 1768. *(Bulletin du Musée historique de Mulhouse*, année 1879, AUG. STOEBER).

JEAN RISLER, fils de PIERRE, N° 23
* 6 juill. 1677, † 11 avril 1720

✕ 19 juin 1699

URSULE FÜRSTENBERGER, * 24 déc. 1679, † 12 janv. 1726,
fille de JOSUÉ FÜRSTENBERGER, greffier-syndic, puis bourgmestre, et de BARBE HOLZSCHUH.

Enfants :

1. JOSUÉ, **N° 43**, * 24 mars 1700, † 30 mars 1778,
   ✕ 3 mai 1732, ELISABETH ENGELMANN.

2. JEAN, **N° 44**, * 17 févr. 1704, † 28 oct. 1775,
   ✕ 11 nov. 1726, JUDITH HOFER.

3. PIERRE, **N° 45**, * 25 juill. 1706, † 8 mars 1761,
   ✕ 4 août 1732, ELISABETH HEILMANN.

4. JACQUES, **N° 46**, * 1er déc. 1718, † 22 avril 1768,
   ✕ 2 oct. 1741, JUDITH KOECHLIN.

Notes. — JEAN RISLER (N° 29), pasteur à Mulhouse, fut admis gratuitement, le 8 févr. 1700, à la tribu des Vignerons et, de même, le 18 févr. 1706, à celle des Boulangers. Etudiant à l'Université de Bâle, le 22 sept. 1691, puis à Zurich, en 1695, où il soutint le 2 juin 1697, une thèse de philologie; le 6 oct. de la même année, il soutint une seconde thèse pour obtenir le grade de V. D. M. (Verbi Dei Magister) : *Dissertatio theologica qua de Religione communi saluti ferra error refellitur. Pars- posterior* ἀνασκευαστίκή, *qua errantium veterum et recentiorum argumenta ad incudem revocantur. Pro examine theologico consequendo etc. Tiguri tyb. D. Gessneri,* 32 pp. in-4°. (*Bulletin du Musée historique de Mulhouse,* 1879, AUG. STOEBER.) Son sermon d'enterrement est conservé à la bibliothèque de l'Université de Bâle.

PIERRE RISLER, fils de PIERRE, N° 23
* 31 janv. 1681, † 7 mars 1724

✕ 12 févr. 1703

BARBE HAESSLER, * 6 déc. 1676, † 23 mars 1757,
fille de Jean-Georges Haessler, bourgmestre, et d'Elisabeth
Zetter.

Enfants :

1. Pierre, * 7 oct. 1704, † 12 juill. 1705.

2. Jean-Georges, N° 47, * 18 oct. 1705, † 18 déc. 1741,
   ✕ 3 nov. 1727, I. Judith Feer ;
   ✕ 30 juin 1732, II. Anne-Catherine Huguenin.

3. Marthe, * 30 mai 1709, † 25 mai 1781,
   ✕ 5 sept. 1729, Tobie Guth, † 9 déc. 1768.

4. Elisabeth, * 19 juill. 1712, † 10 févr. 1714.

Notes. — Pierre Risler (N° 30), tanneur, à Mulhouse, fut admis, le 2 mars 1703, à la
tribu des Bouchers.

JÉRÉMIE RISLER, fils de PIERRE, N° 23
* 22 août 1686, † 19 sept. 1763

✕ 5 mars 1708

JUDITH REBER, * 7 nov. 1686, † 23 janv. 23 janv. 1759,
fille de JACQUES REBER, conseiller, et de MARIE-MADELEINE HUGUENIN.

Enfants :

1. JACQUES, **N° 48**, * 1er janv. 1709, † 9 janv. 1760,
✕ 2 nov. 1733, ELISABETH RISLER, du **N° 28**.

2. JÉRÉMIE, * 18 janv. 1711, † 30 mars 1711.

3. PIERRE, **N° 49**, * 13 nov. 1712, † 26 févr. 1797,
✕ 4 juin 1736, I. MADELEINE IMHOF, de Bâle;
✕ 29 avril 1748, II. ELISABETH ENGELMANN.

4. JÉRÉMIE, * 15 mars 1716, † 4 oct. 1716.

5. JEAN-HENRI[1], * 17 juill. 1718, † 13 oct. 1765, célibataire.

6. JÉRÉMIE, * 20 avril 1724, † 21 déc. 1724.

Notes. — JÉRÉMIE RISLER (N° 31), tisseur de laine, à Mulhouse, fut admis, le 10 juin 1708, à la tribu des Tailleurs et, en 1731, à celle des Vignerons. Chef de tribu en 1742. Conseiller en 1747. Trésorier en 1756.

[1] JEAN-HENRI RISLER légua, par disposition du 25 septembre 1765, à l'hôpital de la ville de Mulhouse la somme de 20,000 livres. (*Histoire de la ville de Mulhouse*, par MATH. MIEG, p. 319.)

N° 32

DANIEL RISLER, fils de PIERRE, N° 23
* 27 mai 1691, † 14 févr. 1751

✕ 4 avril 1712

ANNE-CATHERINE CORNETZ, * 12 août 1694, † 22 avril 1767,
fille de Loup-Frédéric Cornetz et d'Anne-Catherine
Dollfus.

Enfants :

1. Marthe, * 1er janv. 1713, † 22 août 1716.

2. Jean, * 9 sept. 1714, † 26 sept. 1716.

3. Frédéric [1], * 26 juill. 1716, † 19 avril 1782,
    ✕ 3 oct. 1740, I. Dorothée Gessler, de Bâle, † 10 juin 1769;
    ✕ 15 avril 1771, II. Esther Hofmann, de Bâle.

4. Daniel,
5. Pierre, } * 18 août 1718, † 17 mai 1719.

6. Jérémie, N° 50, * 2 mai 1720, † 25 févr. 1768,
    ✕ 22 juillet 1743, Sibylle Zuber.

7. Elisabeth, * 5 mars 1722, † 23 avril 1782,
    ✕ 24 janv. 1746, Lucas Huguenin, † 27 avril 1800.

8. A.-Catherine, * 6 mars 1724, † 13 sept. 1777,
    ✕ 14 déc. 1750, Jean-Henri Risler (N° 42).

9. Daniel, * 23 sept. 1725, † 18 févr. 1726.

10. Jean, } † 5 août 1727.
11. Pierre, } * 15 déc. 1726 { † 4 févr. 1728.

12. Daniel, * 25 avril 1728, † 12 mai 1729.

Notes. — Daniel Risler (N° 32), potier d'étain, à Mulhouse, fut admis, le 22 mai 1712,
à la tribu des Maréchaux.

[1] Frédéric Risler, épicier, devint avocat-avoué auprès du tribunal de Mulhouse. Il fut
admis, le 15 déc. 1740, à la tribu des Tailleurs.

— 33 —

NICOLAS RISLER, fils de JÉRÉMIE, N° 24
* 23 sept. 1690, † 29 sept. 1777

✕ 1ᵉʳ mai 1714, à Sᵗᵉ-Marie-aux-Mines

ANNE GOETZ, * 4 déc. 1695, † 26 févr. 1769,
fille de PIERRE GOETZ et de MARIE DINOUX.

Enfants :

1. JUDITH, * 4 avril 1715, † 25 févr. 1786,
   ✕ 14 déc. 1739, JEAN BREGENZER, † 12 mars 1781.

2. NICOLAS, **N° 51**, * 1ᵉʳ sept. 1718, † 9 mars 1787,
   ✕ 8 oct. 1742, JULIE KOECHLIN.

Notes. — NICOLAS RISLER (N° 33) fut admis, le 23 nov. 1713, à la tribu des Tailleurs. Il devint échevin au tribunal, en 1728.

N° 34

JÉRÉMIE RISLER, fils de JÉRÉMIE, N° 24
* 8 oct. 1693, † 18 sept. 1763

✕ 5 oct. 1716

MARIE-CLÉOPHÉE HOFER, * 21 mai 1699, † 26 juill. 1786,
fille de JEAN HOFER et d'ELISABETH HARTMANN.

Enfants :

1. MARIE-ELISABETH, * 1ᵉʳ août 1717, † 4 avril 1718.

2. JEAN, * 2 févr. 1719, † 25 août 1723.

3. Jérémie, **N° 52.** * 9 nov. 1720, † 23 août 1811,
    ✕ 1er juill. 1751, I. Marie-Sarah Riedi, de Bâle;
    ✕ 27 avril 1784, II. Rosine Maerk, de Bâle.

4. Pierre, **N° 53,** * 22 févr. 1722, † 13 mars 1755,
    ✕ 17 mai 1744, Elisabeth Heilmann.

5. Jean, * 31 oct. 1723, † 17 avril 1727.

6. Nicolas, * 1er janv. 1725, † 12 mai 1727.

7. Jean, **N° 54,** * 19 oct. 1727, † 20 févr. 1777,
    ✕ 2 févr. 1756, Anne-Marguerite Mayr.

8. Elisabeth, ⎰ * 26 mars 1730 ⎱ † 18 mars 1731.
9. Nicolas, ⎱   ⎰ † 23 mars 1731.

10. Elisabeth [1], * 24 janv. 1734, † 9 mars 1789,
    ✕ 24 sept. 1754, I. Jean Dollfus, pasteur, † 13 mars 1763;
    ✕ . . . . II. Charles-Jacques Beyer, président de la Brüder-
        gemeinde de Neuwied (Frères moraves), † 14 juill. 1791.

11. Nicolas, * 20 juin 1737, † 17 sept. 1742.

12. Mathias, **N° 55,** * 1er mars 1739, † 13 déc. 1788,
    ✕ 14 mai 1764, I. Rosine Meyer;
    ✕ 27 août 1777, II. Madeleine Mayr.

13. Marie-Cléophée, * 21 janv. 1742, † 1er oct. 1742.

Notes. — Jérémie Risler (N° 34) fut admis, le 7 juin 1716, à la tribu des Tailleurs. Il devint chef de tribu en 1752, conseiller en 1761.

[1] Elisabeth Risler entra, en 1764, à la Brüdergemeinde (communauté des Frères moraves) à Neuwied, dont son second mari était le président.

JEAN-GEORGES RISLER, fils de JÉRÉMIE, N° 25
∗ 26 novembre 1705, † 6 avril 1743

✕ 19 févr. 1727

I. MADELEINE DOLLFUS, ∗ 3 oct. 1697, † 4 sept. 1727,
fille de JEAN-GASPARD DOLLFUS et d'ELISE STEFFAN;

✕ 2 févr. 1728

II. ANNE-CATHERINE LAEDERICH, ∗ 23 mai 1706, † ....
fille de HENRI LAEDERICH et d'ANNE SINGER.

I. Sans Enfants.

II. Enfants :

1. JEAN-HENRI[1], ∗ 14 nov. 1728, † 26 juin 1782,
✕ 11 févr. 1754, SALOMÉ MARTIN, † 10 juill. 1785.

2. JEAN-GEORGES, N° 56, 27 janv. 1731, † 6 oct. 1788,
✕ 23 sept. 1754, I. ELISABETH CLEMANN;
✕ 18 oct. 1780, II. ANNE-CATHERINE ZÜNDEL.

3. JÉREMIE, N° 57, ∗ 11 janv. 1733, † 9 févr. 1785,
✕ 23 janv. 1758, MARIE ZÜRCHER.

4. A.-CATHERINE, ∗ 15 janv. 1736, † 24 juill. 1767,
✕ 25 sept 1764, PAUL STOECKLIN.

5. A.-MARGUERITE, ∗ 23 mars 1738, † 9 sept. 1739.

6. JEAN-RODOLPHE, ∗ 11 mai 1741, † 24 mars 1743.

Notes. — JEAN-GEORGES RISLER (N° 35), tisseur de laine, à Mulhouse, fut admis, le
28 févr. 1727, à la tribu des Tailleurs.

[1] JEAN-HENRI RISLER fut admis, le 14 févr. 1754, à la tribu des Bouchers.

JÉRÉMIE RISLER, fils de JÉRÉMIE, N° 25
* 22 janv. 1708, † 15 avril 1750

× 5 sept. 1729

ANNE BRAND, * 16 déc. 1708, † 19 juin 1779,
fille de PIERRE BRAND et d'ANNA VICENZ.

Enfants :

1. ANNE-MARIE, * 24 sept. 1730, † 11 juill. 1731.

2. ANNE, * 25 nov. 1731, † 1ᵉʳ avril 1735.

3. JÉRÉMIE, * 27 sept. 1733, † 23 août 1759, célibataire.

4. ANNE, * 26 févr. 1736, † 4 juill. 1822,
   × 28 avril 1760, JEAN WEBER, d'Illzach, † 19 févr. 1813.

5. MARGUERITE, * 5 oct. 1737, † 7 oct. 1737.

6. PIERRE, N° 58, * 19 oct. 1738, † 25 juin 1798,
   × 22 sept. 1760, A.-MARIE LAEDERICH.

7. JEAN-RODOLPHE, * 30 juill. 1741, † 8 avril 1743.

8. JEAN, * 20 sept. 1744, † 30 juin 1747.

9. ANNE-CATHERINE, * 2 oct. 1746, † 27 janv. 1749.

10. JEAN-HENRI, * 10 nov. 1748, † 19 févr. 1750.

Notes. — JÉRÉMIE RISLER (N° 36), tisseur de laine, à Mulhouse, fut admis, le 18 déc. 1729, à la tribu des Tailleurs.

N° 37

JEAN RISLER, fils de HENRI, N° 26
* 7 mars 1717, † . . . .

✕ vers 1741 à Braunschweig

ANNE-MARGUERITE KRIEGER, * . . . ., † . . . .

Enfants :

1. JACQUES-HENRI, * 4 févr. 1742, † . . . .

2. JEAN-HENRI, * 10 févr. 1743, † . . . .

3. JUDITH, * 17 janv. 1745, † . . . .

4. JACQUES, * 21 janv. 1753 à Illzach, † . . . .

Notes. — JEAN RISLER (N° 37), *Streichenmacher*, à Mulhouse, puis à Illzach. Par suite de son mariage avec une femme étrangère, n'ayant pas la fortune requise par les lois mulhousiennes, il perdit son droit de bourgeoisie. Toutefois, on lui accorda, le 1er sept. 1745, celui d'Illzach, où il s'établit et où il a dû mourir. Comme les registres de décès de cette localité ne commence qu'en 1787, on ne peut rien préciser à son égard, pas plus qu'au sujet de ses enfants. Il n'est pas impossible que l'un ou l'autre de ces derniers ait émigré.

N° 38

JEAN-HENRI RISLER, fils de HENRI, N° 27
* 19 juill. 1750, † 4 avril 1825

╳ 9 mars 1774, à Illzach

ANNE-CATHERINE KOHLER, * 20 août 1739, † 19 avril 1815,
fille de JEAN-ULRIC KOHLER et de CATHERINE-ELISABETH
JUNGHAEN.

Enfants :

1. JEAN-HENRI, N° 59, * 2 avril 1775, † 1ᵉʳ janv. 1829,
╳ 22 janv. 1798, ELISABETH HOFMANN.

2. ANNE-CATHERINE, * 5 nov. 1776, † 1ᵉʳ nov. 1813,
╳ 19 nov. 1794, LAURENT WEBER, fabricant, † 1ᵉʳ févr. 1812.

Notes. — JEAN-HENRI RISLER (N° 38), boulanger et meunier, à Mulhouse, fut admis, le 27 sept. 1772, à la tribu des Boulangers et, le 2 avril 1786, à celle des Agriculteurs. A cette dernière date, il était meunier de la *Spiegelmühle.* En 1790, il fut nommé membre des XL.

N° 39

JOSUÉ RISLER, fils de JEAN, N° 28
* 13 août 1702, † 26 sept. 1774

╳ 1ᵉʳ sept. 1727

BARBE EBNETER, * 22 avril 1704 à Bâle, † 19 avril 1760 à Mulhouse,
fille de FRANÇOIS EBNETER et de CHRISCHONE BECK.

Enfants :

1. ROSINE, * 20 janv. 1728, † 21 mai 1729.

2. ANNE-ROSINE, * 30 janv. 1731, † 27 déc. 1806.

3. Jean, ✳ 11 févr. 1734, † 12 févr. 1734.

4. Josué, ✳ 1er juill. 1736, † 23 août 1736.

Notes. — Josué Risler (No 39), avocat-avoué auprès du tribunal de Mulhouse, fut admis, le 7 déc. 1727, comme négociant, à la tribu des Tailleurs et, en 1733, à titre gratuit, à celle des Vignerons.

N° 40

DANIEL RISLER, fils de JEAN, N° 28
✳ 17 oct. 1706, † 18 juin 1787

✕ 30 janv. 1729

BARBE SCHWARTZ, ✳ 6 avril 1710, † 22 avril 1784,
fille de Jean-Bernard Schwartz et de Marguerite Graf.

Enfants :

1. Josué, ✳ 18 déc. 1729, † 26 mars 1730.

2. Anne-Marguerite, ✳ 4 févr. 1731, † 19 mars 1765,
✕ 2 mars 1750, Jean-Jacques Vetter, † 14 mars 1780.

3. Anne-Barbe, ✳ 7 juin 1733, † 10 juill. 1803.

4. Jean, N° 60, ✳ 19 févr. 1736, † 12 mars 1822,
✕ 31 août 1761, Elisabeth Hartmann.

5. Rosine, ✳ 22 janv. 1741, † 14 avril 1802,
✕ 18 mai 1769, Jean-Jacques Schoen, † 4 déc. 1778.

Notes. — Daniel Risler (No 40), maître des postes et doyen de l'Eglise à Mulhouse. Il fut admis, le 28 déc. 1726, à la tribu des Agriculteurs, et devint un des VI en 1734.

N° 41

JEAN RISLER, fils de JEAN, N° 28
* 13 sept. 1716, † 13 sept. 1800

╳ 25 août 1738

ANNE-MARGUERITE LAUTERBURGER, * 2 avril 1721, † 6 sept. 1793, fille de JEAN-ULRIC LAUTERBURGER et de JUDITH RISLER, du **N° 24.**

Enfants :

1. JEAN, * 10 mai 1739, † 3 avril 1741.

2. JUDITH, * 14 mai 1741, † 26 juill. 1823,
   ╳ .... JEAN-GASPARD WEISS, † 25 mai 1815.

3. A.-MARGUERITE, * 25 nov. 1742, † 24 janv. 1792,
   ╳ 19 avril 1769, JEAN-GEORGES HOLZSCHUH, † 13 mars 1825.

4. JEAN-JACQUES, **N° 61**, * 17 mai 1744, † 21 janv. 1814,
   ╳ 27 avril 1774, A.-BARBE HOFER.

5. JOSUÉ, **N° 62**, * 30 janv. 1746, † 28 nov. 1799,
   ╳ 6 mars 1777, FRANÇOISE SCHMALZER.

6. ROSINE, * 24 août 1747, † 2 oct. 1827,
   ╳ 4 nov. 1772, PIERRE HEILMANN, † 18 juin 1833.

7. JEAN, **N° 63**, * 24 juill. 1749, † 28 mars 1805,
   ╳ 12 août 1777, CHRISCHONE BRÜSTLEIN.

8. JÉRÉMIE, * 2 déc. 1751, † 29 mars 1752.

9. JÉRÉMIE, **N° 64**, * 3 févr. 1754, † 10 déc. 1810,
   ╳ 14 janv. 1778, ANNE-CATHERINE MIEG.

10. DANIEL, * 30 juin 1761, † 11 déc. 1763.

Notes. — JEAN RISLER (N° 41), économe de l'hôpital, à Mulhouse, de 1757 à 1784, fut admis, le 9 mars 1738, à la tribu des Bouchers.

JEAN-HENRI RISLER, fils de JEAN, N° 28

* 28 sept. 1727, † aux environs de 1785, en mer, de retour d'un voyage à Baltimore (Etats-Unis d'Amérique)

✕ 14 déc. 1750

ANNE-CATHERINE RISLER, * 6 mars 1724, † 13 sept. 1777, fille de DANIEL RISLER (N° 32) et d'A.-CATHERINE CORNETZ.

Enfants :

1. ANNE-CATHERINE, * 19 sept. 1751, † 3 mai 1761.

2. JEAN [1], * 26 août 1753, † vers 1790, célibataire, à Flessingue (Hollande).

3. ROSINE, * 23 mars 1758, † 14 juin 1821,
   ✕ 1er juill. 1776, I. JEAN STEINBACH, † 6 mars 1797;
   ✕ .... II. PAUL PERSOHN, divorcé en 1800.

4. ANNE, * 27 août 1759, † 28 août 1759.

5. DANIEL, * 25 déc. 1762, † 1er sept. 1765.

Notes. — JEAN-HENRI RISLER (N° 42), tanneur (?), à Mulhouse, fut admis, le 5 sept. 1750, à la tribu des Bouchers.

[1] JEAN RISLER était également tanneur de profession.

N° 43

JOSUÉ RISLER, fils de JEAN, N° 29
✳ 24 mars 1700, † 30 mars 1778

✕ 3 mai 1722

ELISABETH ENGELMANN, ✳ 11 oct. 1699, † 16 déc. 1765,
fille de JEAN-HENRI ENGELMANN et de JUDITH REBER.

Enfants :

1. JOSUÉ, **N° 65**, ✳ 24 févr. 1724, † 28 août 1779,
    ✕ 20 mars 1752, MARGUERITE KOECHLIN.

2. JEAN-HENRI [1], ✳ 10 juin 1725, † 9 oct. 1797,
    ✕ 20 nov. 1752, I.   ELISABETH HOFER, † 5 janv. 1758;
    ✕ 2 oct. 1758, II. A.-BARBE MEYER, † 13 janv. 1759;
    ✕ 8 déc. 1763, III. ROSINE ZÜRCHER, † 28 juin 1793.

3. JEAN, ✳ 26 mai 1727, † 21 mai 1728.

4. JEAN, **N° 66**, ✳ 26 mars 1729, † 27 déc. 1787,
    ✕ 2 sept. 1754, MARIE-ANNE ENGELMANN.

5. JACQUES [2], ✳ 4 mars 1731, † 19 avril 1770, célibataire.

6. JÉRÉMIE, ✳ 8 nov. 1733, † 16 mai 1736.

Notes. — JOSUÉ RISLER (N° 43), pharmacien, à Mulhouse, fut admis, le 4 juill. 1723, à la tribu des Tailleurs. Chef de tribu en 1732. Conseiller en 1746. Trésorier en 1755. Bourgmestre en 1760. En 1747, il édita à Lœrrach, en in-8°, *Marchionis Badae Durlacensis Hortum Carlsruhanum*.

[1] JEAN-HENRI RISLER, orfèvre, à Mulhouse, fut admis, le 11 juin 1753, à la tribu des Maréchaux.

[2] JACQUES RISLER, docteur en médecine. En 1754, auteur de *Dissertatio inauguralis medico. De verbasco.* Plus tard, il fit paraître dans les *Acti Helvetici*, t. VI, une *Descriptio Cacti triangularis Linnei.* Reçu docteur en médecine, le 25 janv. 1754, à l'Université de Bâle.

N° 44

JEAN RISLER, fils de JEAN, N° 29
* 17 févr. 1704, † 28 oct. 1775

× 11 nov. 1726

JUDITH HOFER, * 29 janv. 1708, † 17 juill. 1765,
fille de MATHIAS HOFER et de SALOMÉ SALATHÉ.

Enfants :

1. SALOMÉ, * 15 mai 1729, † 9 janv. 1731.

2. JOSUÉ, * 26 nov. 1730, † 18 juin 1731.

3. URSULE. * 10 févr. 1732, † 6 nov. 1786,
    × 8 nov. 1762, FRÉDÉRIC REBER, † 16 août 1814.

4. MATHIAS, N° **67**, * 12 déc. 1734, † 21 juill. 1802,
    × 12 nov. 1759, DOROTHÉE WEISBECK.

5. JEAN, * 23 déc. 1736, † 14 juin 1738.

6. JUDITH, * 20 déc. 1739, † 20 juin 1822,
    × 2 mars 1767, PIERRE THIERRY[1], fabricant d'indiennes, † 9 mars 1807.

Notes. — JEAN RISLER (N° 44), épicier, à Mulhouse, fut admis, le 20 février 1727, à la tribu des Boulangers et, le 6 juill. 1753, à celle des Bouchers. Il fut nommé *Salzmesser* c'est-à-dire employé à la gabelle.

[1] PIERRE THIERRY fut nommé, le 15 mars 1798, président de la municipalité, lors de la réunion de Mulhouse à la France.

N° 45

PIERRE RISLER, fils de JEAN, N° 29
* 25 juill. 1706, † 8 mars 1761

✕ 4 août 1732

ELISABETH HEILMANN, * 29 avril 1703, † 4 janv. 1790,
fille de NICOLAS HEILMANN et d'ELISABETH ENGELMANN.

Enfants :

1. ELISABETH, * 24 mai 1733, † 12 juin 1736.

2. URSULE. * 29 mai 1735, † 27 oct. 1770,
   ✕ 29 mars 1764, JEAN ECK, † 28 mai 1774.

3. ELISABETH, * 24 févr. 1737, † 1er déc. 1742.

4. JOSUÉ, * 30 nov. 1738, † 6 avril 1739.

5. PIERRE, **N° 68**, * 4 juill. 1740, † 2 oct. 1820,
   ✕ 18 janv. 1764, ANNE BREGENTZER.

6. JEAN, * 10 mai 1742, † 2 janv. 1743.

7. ELISABETH, * 19 déc. 1745, † 14 sept. 1787,
   ✕ 3 nov. 1784, JEAN-GEORGES THIERRY, chef de tribu, † 10 mars 1813.

Notes. — PIERRE RISLER (N° 45) devint pasteur français à Mulhouse en 1731; pasteur allemand en 1737; pasteur doyen en 1757.

JACQUES RISLER, fils de JEAN, N° 29
* 1er déc. 1718, † 22 avril 1768

✕ 2 oct. 1741

JUDITH KOECHLIN[1], * 9 oct. 1723, † 25 juill. 1797,
fille de HARTMANN KOECHLIN et de MARGUERITE COCQLET.

Enfants :

1. ANNE-MARGUERITE, * 18 nov. 1742, † 8 mai 1743.

2. ANNE-MARGUERITE, * 14 déc. 1749, † 30 oct. 1757.

Notes. — JACQUES RISLER (N° 46), fabricant, à Mulhouse, fut admis, le 28 déc. 1741, comme négociant, à la tribu des Tailleurs. Un des VI du Grand-Conseil.

[1] JUDITH KOECHLIN épousa, en secondes noces, le 22 août 1769, JEAN-HENRI DOLLFUS peintre, l'un des trois fondateurs de l'industrie des toiles peintes à Mulhouse.

N° 47

JEAN-GEORGES RISLER, fils de PIERRE, N° 30
* 18 oct. 1705, † 18 déc. 1741

✕ 3 nov. 1727

I. JUDITH FEER, * 4 mars 1706, † 18 juill. 1731,
fille de JEAN-HENRI FEER et de JUDITH HUGUENIN;

✕ 30 juin 1732

II. CATHERINE HUGUENIN [1], * 1er oct. 1711, † 6 oct. 1762,
fille de PIERRE HUGUENIN et d'ELISABETH RUPP.

I. Enfant :

1. JEAN-HENRI, * 29 août 1728, † 15 juill. 1733.

II. Enfants :

2. PIERRE, * 5 juill. 1733, † 15 juill. 1733.

3. JEAN-GEORGES, * 1er août 1734, † 2 sept. 1736.

4. PIERRE, * 20 nov. 1735, † 19 nov. 1736.

5. ANNE-CATHERINE, * 26 janv. 1738, † 9 sept. 1739.

6. JEAN-GEORGES, * 12 févr. 1741, † 17 mai 1741.

Notes. — JEAN-GEORGES RISLER (N° 47), tisseur de laines, à Mulhouse, fut admis, le 21 déc. 1727, à la tribu des Tailleurs.

[1] CATHERINE HÜGENY épousa, en secondes noces, le 4 mai 1744, JONAS MÄDER.

JACQUES RISLER, fils de JÉRÉMIE, N° 31
* 1er janv. 1709, † 9 janv. 1760

✕ 2 mai 1733

ELISABETH RISLER, * 14 mars 1714, † 25 mars 1798,
fille de JEAN RISLER (N° 28) et de ROSINE FÜRSTENBERGER.

Enfants :

1. JÉRÉMIE, * 29 juill. 1736, † 30 déc. 1736.

2. JEAN, * 12 janv. 1738, † 12 janv. 1738.

3. JACQUES, * 22 mars 1739, † en 1739.

4. JEAN, * 23 oct. 1740, † 11 avril 1744.

5. JUDITH, * 13 mai 1742, † 3 févr. 1826.

6. JÉRÉMIE, * 8 sept. 1743, † 20 janv. 1747.

7. ELISABETH, * 14 mars 1745, † 14 mars 1803,
    ✕ 30 juill. 1764, JEAN DOLLFUS, économe de l'ordre Teutonique,
    divorcé 5 nov. 1799, † en 1807 à Colmar.

8. ROSINE, * 22 févr. 1747, † 2 juill. 1749.

9. JOSUÉ, * 7 juill. 1848, † 10 juill. 1750.

10. ANNE, * 18 déc. 1749, † 24 déc. 1750.

11. ROSINE, * 6 août 1751, † 10 avril 1814.

12. MARIE-MADELEINE, * 25 nov. 1753, † 21 avril 1838,
    ✕ 30 nov. 1774, DANIEL HORNUNG, † 5 août 1834.

13. JEAN, * 30 mars 1755, † 17 sept. 1755.

Notes. — JACQUES RISLER (N° 48), épicier, à Mulhouse, fut admis, le 19 janv. 1733, à la tribu des Tailleurs et, le 26 févr. 1751, à titre gratuit, à celle des Boulangers. Il exerça les fonctions d'administrateur du fonds des aumônes.

N° 49

PIERRE RISLER, fils de JÉRÉMIE, N° 31
* 13 nov. 1712, † 16 févr. 1797

✕ 4 juin 1736

I. MADELEINE IM HOOF, * 1er sept. 1712 à Bâle, † 5 janv. 1745
à Mulhouse,
fille de SAMUEL IM HOOF et d'AUGUSTA-MARIE HARDER ;

✕ 29 avril 1748

II. ELISABETH ENGELMANN, * 6 févr. 1724, † 18 févr. 1785,
fille de GODEFROY ENGELMANN et de MARIANNE ANTHÈS.

I. Enfants :

1. JÉRÉMIE, **N° 69**, * 16 mars 1738, † 31 mars 1792,
✕ 7 juin 1769, I. FRANÇOISE D'OMBRÉ VON BIRKENFELD ;
✕ 2 févr. 1774, II. ROSINE BREGENZER.

2. PIERRE, * 4 août 1743, † 29 août 1743.

II. Enfants :

3. GODEFROY, * 11 févr. 1749, † 16 sept. 1762.

4. JUDITH, * 12 mai 1750, † 28 août 1750.

5. ELISABETH, * 6 juill. 1751, † 5 déc. 1751.

Notes. — PIERRE RISLER (N° 49), docteur en médecine, à Mulhouse, fut admis, en 1738, à titre gratuit, à la tribu des Vignerons. Chef de tribu en 1763. Conseiller en 1769. Trésorier en 1792 ; démissionna en 1787. Il était l'auteur de *Dissertatio de Febre quartana intermittente,* thèse qu'il soutint à Strasbourg, le 5 mai 1733. Il fut député par la ville, le 1er janv. 1739, à Zurich et Berne, pour la représenter dans l'affaire du procès DOLLFUS et HOFER.

JÉRÉMIE RISLER, fils de DANIEL N° 32
* 2 mai 1720, † 28 févr. 1768

✕ 22 juill. 1743

SIBYLLE ZUBER, * 5 mars 1724, † 16 mars 1776,
  fille de JEAN ZUBER et de SIBYLLE VONSIEDEL, de Bâle.

Enfants :

1. ANNE-CATHERINE, * 1er mars 1751, † 11 juill. 1784,
  ✕ 15 nov. 1769, I. JEAN-HENRI WEISBECK, † nov. 1773;
  ✕ 7 août 1776, II. JEAN SCHOEN, † 10 mars 1818.

2. SIBYLLE, * 25 sept. 1760, † 2 févr. 1803,
  ✕ 9 janv. 1782, HENRI STEFFAN, † 23 août 1806.

Notes. — JÉRÉMIE RISLER (N° 50) fut admis, le 22 déc. 1743, à la tribu des Tailleurs et, le 22 déc. 1748, à titre gratuit, à celle des Vignerons.

NICOLAS RISLER, fils de NICOLAS, N° 33
* 1er sept. 1718, † 9 mars 1787

✕ 8 oct. 1742

JULIENNE KOECHLIN, * 25 févr. 1725, † 15 janv. 1805,
fille de HARTMANN KOECHLIN et de MARGUERITE COCQLET.

Enfants :

1. ANNE, * 6 nov. 1744, † 22 nov. 1744.

2. ANNE-MADELEINE, * 27 nov. 1746, † 20 mars 1748.

3. ANNE-MARGUERITE, * 7 août 1749, † 22 juin 1785,
✕ 28 janv. 1778, JACQUES DOLLFUS, † 2 mai 1820.

4. ANNE, * 4 févr. 1751, † 7 oct. 1827, à Bièvres (Seine-et-Oise),
✕ 2 mai 1768, PIERRE DOLLFUS, † vers 1830, à Versailles.

5. NICOLAS, N° 70, * 14 oct. 1753, † 10 août 1820,
✕ 12 juin 1776, URSULE HOFER.

6. HARTMANN, * 7 nov. 1755, † 18 juin 1758.

Notes. — NICOLAS RISLER (N° 51), fabricant de toiles peintes, à Mulhouse, fut admis, le 19 nov. 1742, à la tribu des Tailleurs.

JÉRÉMIE RISLER, fils de JÉRÉMIE, N° 34

* 9 nov. 1720, † 23 août 1811 à Berthelsdorf

✕ 1er juill. 1751

I. MARIE-SARAH RÜDIN, * 10 mars 1711 à Bâle, † 3 sept. 1783 à
Mulhouse,
    fille de JEAN-FRANÇOIS RÜDIN et de MARIE-SARAH MELCKER;

✕ 17 avril 1784

II. ROSINE MERKT, * 22 avril 1749 à Bâle, † 9 janv. 1799 à Mulhouse,
    veuve WERENFELS et fille de JEAN MERKT et de MARIE-
MADELEINE BROTBECK.

I. Enfant :

1. JEAN-JÉRÉMIE, N° 71, * 13 juill. 1754, † 27 sept. 1822 à Gnadau (prov.
de Saxe),
    ✕ 29 nov. 1780, I. SOPHIE-JACQUELINE HUNZIGER, d'Aarau;
    ✕ 20 juin 1808 à Gnadau, II. CHARLOTTE-ELISABETH STERNBERG.

II. Sans Enfants.

Notes. — JÉRÉMIE RISLER (N° 52) fut pasteur évangélique pendant trois ans à Lubeck;
pendant treize ans à Saint-Pétersbourg, jusqu'en 1760, époque à laquelle il fut admis dans la
communauté des Frères moraves à Herrenhut; en 1782, il fut consacré évêque de ladite communauté. Il resta attaché à la communauté de Neuwied jusqu'en 1786; dans la suite, il admi-
nistra la communauté générale à Berthelsdorf. Inscrit comme étudiant à l'Université de Bâle,
le 3 mai 1739. (*Bulletin du Musée historique de Mulhouse*, 1879, AUG. STOEBER.)

PIERRE RISLER, fils de JÉRÉMIE, N° 34
* 22 févr. 1722, † 13 mars 1755

✕ 17 mai 1744

ELISABETH HEILMANN, * 22 mars 1715, † 3 avril 1764,
fille de NICOLAS HEILMANN et d'ELISABETH ABT.

Enfants :

1. JEAN, **N° 72**, * 27 août 1747, † 14 déc. 1813,
  ✕ 7 nov. 1770, JUDITH HUGUENIN.

2. NICOLAS, * 17 juill. 1749, † 3 déc. 1751.

3. JÉRÉMIE, * 12 déc. 1751, † 5 janv. 1753.

4. JÉRÉMIE, * 31 déc. 1752, † 14 mars 1754.

5. NICOLAS, **N° 73**, † 15 févr. 1799,
  ✕ 1er nov. 1780, MARTHE HEILMANN.
  } * 28 mai 1754 {

6. ELISABETH, † en juin 1754.

Notes. — PIERRE RISLER (N° 53), épicier, à Mulhouse, fut admis, le 26 sept. 1745, à la tribu des Tailleurs.

N° 54

JEAN RISLER, fils de JÉRÉMIE, N° 34
* 19 oct. 1727, † 20 févr. 1777

X 2 février 1756

A.-MARGUERITE MAYR, * 25 mai 1738, † 16 avril 1772,
fille d'ABRAHAM MAYR et de MADELEINE HEILMANN.

Enfants :

1. JEAN-JÉRÉMIE, * 4 janv. 1757, † 24 mars 1757.

2. MARIE-MADELEINE, * 18 avril 1758, † 1er mai 1814,
    X 27 janv. 1777, JEAN-HENRI DOLLFUS, † 9 déc. 1825.

3. JEAN, **N° 74**, * 11 janv. 1760, † 23 avril 1829,
    X 17 janv. 1781, CHRISCHONE ZÜRCHER.

4. MARIE-CLÉOPHÉE, * 24 févr. 1761, † 27 oct. 1807,
    X 20 févr. 1786, JEAN-MICHEL SCHLUMBERGER, † 8 oct 1822.

5. ABRAHAM, * 9 mai 1762, † 12 août 1777.

6. MARIE-ELISABETH, * 8 mars 1764, † 15 juin 1841,
    X 30 juill. 1787, DAVID KOENIG, † 6 août 1797.

7. A.-MARGUERITE, * 27 juin 1765, † 8 juin 1820,
    X 16 janv. 1782, JEAN BAUMGARTNER, † 10 nov. 1818.

8. JÉRÉMIE, * 21 mai 1767, † 18 déc. 1767.

9. A.-MARIE, * 13 déc. 1768, † 7 mai 1866,
    X 3 oct. 1796, FRÉDÉRIC HEILMANN, docteur en médecine, † 11 mars
    1798.

10. JÉRÉMIE, * 24 juill. 1770, † 12 déc. 1770.

Notes. — JEAN RISLER (N° 54), négociant-droguiste, à Mulhouse, fut admis, le 15 janv.
1753, à titre gratuit, à la tribu des Tailleurs.

MATHIAS RISLER, fils de JÉRÉMIE, N° 34
* 1er mars 1739, † 13 déc. 1788

X 14 mai 1764

I. ROSINE MEYER, * 8 mai 1746, † 25 avril 1777,
fille de DANIEL MEYER et d'ELISABETH HUGUENIN;

X 27 août 1777

II. ANNE-MADELEINE MAYR, * 2 sept. 1742, † 27 déc. 1817,
fille d'ABRAHAM MAYR et d'ANNE-MADELEINE HEILMANN.

I. Enfants :

1. MARIE-CLÉOPHÉE, * 7 mars 1765, † 1809,
X 19 nov. 1781, FRÉDÉRIC MOSER, † à Bapeaume (Seine-Inférieure)
15 févr. 1807.

2. J.-DANIEL, * 11 févr. 1766, † 4 avril 1766.

3. DANIEL, * 26 avril 1767, † 22 sept. 1768.

4. JÉRÉMIE, * 12 juin 1768, † 22 sept. 1768.

5. JÉRÉMIE, * 6 mai 1770, † le 18 nov. 1770.

6. ELISABETH, * 31 oct. 1771, † 13 avril 1773.

7. DANIEL, N° 75, * 3 déc. 1772, † 28 mai 1838,
X 15 janvier 1793, MADELEINE FRAUGER.

8. JÉRÉMIE, N° 76, * 27 nov. 1774, † 21 févr. 1830,
X 10 juill. 1794, MARGUERITE-EMILIE LEFÈVRE.

9. MATHIAS, * 1er mars 1776, † 5 juin 1780.

10. JEAN, * 15 avril 1777, † 27 juin 1777.

II. Enfant :

11. ABRAHAM, * 15 sept. 1778, † 25 juillet 1781.

Notes. — MATHIAS RISLER (N° 55), fabricant, à Mulhouse, fut admis, le 18 déc. 1763,
à titre gratuit, à la tribu des Tailleurs. Un des Six du Grand-Conseil.

JEAN-GEORGES RISLER, fils de JEAN-GEORGES, N° 35
* 27 janv. 1731, † 6 oct. 1788

✕ 23 sept. 1754

I. ELISABETH CLEMANN, * 1er août 1717, † 13 déc. 1779,
fille de MICHEL CLEMANN et d'ELISABETH SCHMERBER;

✕ 18 oct. 1780

II. ANNE-CATHERINE ZINDEL, * 11 janv. 1759, † 1er janv. 1821,
fille de WALTHER ZINDEL et d'ANNE STEFFAN.

I. Enfants :

1. ELISABETH, * 24 oct. 1756, † 2 juill. 1819,
   ✕ 7 mars 1781, I. JEAN GULDENBERGER, † 3 juill. 1785;
   ✕ 27 déc. 1804, II. JEAN REICHART, horloger, * 1er janv. 1746,
    † 5 août 1815.

2. A.-CATHERINE, * 18 mai 1758, † 9 mai 1759.

3. A.-BARBE, * 7 févr. 1760, † 19 nov. 1825,
   ✕ 31 mars 1780, JEAN DIETRICH, † 2 févr. 1802.

4. A.-CATHERINE, * 19 août 1762, † 17 déc. 1762.

II. Enfants :

5. A.-CATHERINE, * 18 janv. 1783, † 9 avril 1783.

6. JEAN-GEORGES, * 14 juin 1784, † 14 nov. 1824,
   ✕ 3 mars 1809, A.-MARGUERITE CLAUSENBURGER, de Bâle, * 21 sept.
    1780, † 23 déc. 1819, fille de JEAN CLAUSENBURGER et d'ANNE-
    CATHERINE MIEG.

7. LAURENT, * 12 déc. 1785, † 6 févr. 1820,
   ✕ 30 nov. 1808, MARTHE WEISS, † à Vevey 1839.

Notes. — JEAN-GEORGES RISLER (N° 56), tisseur de laines, à Mulhouse, fut admis, le 28 février 1752, à la tribu des Tailleurs.

JÉRÉMIE RISLER, fils de JEAN-GEORGES, N° 35
* 11 janv. 1733, † 9 févr. 1785

✕ 23 janv. 1758

A.-MARIE ZÜRCHER, * 15 déc. 1726, † 27 janv. 1808,
fille de NICOLAS ZÜRCHER et de MARGUERITE OBERLIN.

Enfants :

1. JÉRÉMIE, * 19 nov. 1759, † 22 nov. 1759.

2. A.-CATHERINE, * 12 oct. 1760, † 25 juin 1763.

3. A.-MARIE, * 8 nov. 1761, † 6 mai 1765.

4. JÉRÉMIE, * 14 mars 1763, † 20 juin 1765.

5. ANNE, * 14 oct. 1764, † 2 nov. 1765.

6. JÉRÉMIE, * 23 févr. 1766, † à Lutterbach le 27 sept. 1839,
   ✕ 3 juill. 1806, BARBE DIETRICH, † 19 avril 1823, fille de JEAN-GEORGES
   DIETRICH et de MARGUERITE ENGEL.

7. JEAN-HENRI, * 21 mai 1768, † 14 janv. 1769.

8. JEAN-HENRI, N° 77, * 23 janv. 1770, † 16 juill. 1818,
   ✕ 25 mars 1801, MARIE-MADELEINE SCHMIDT.

Notes. — JÉRÉMIE RISLER (N° 57), tisseur de laines, à Mulhouse, fut admis, le 21 mai
1758, à la tribu des Tailleurs.

N° 58

PIERRE RISLER, fils de JÉRÉMIE, N° 36
* 19 oct. 1738, † 25 juin 1798

✕ 22 sept. 1760

ANNE-MARIE LAEDERICH, * 11 déc. 1735, † 1er févr. 1793,
fille de JEAN-MICHEL LAEDERICH et d'A.-MARIE SCHULER.

Enfants :

1. A.-MARIE, * 16 août 1761, † 14 août 1840,
   ✕ 1er août 1781, JEAN-JACQUES MATHIS, † 4 avril 1831.

2. JEAN-MICHEL, N° 78, * 12 mai 1763, † 24 juin 1790,
   ✕ 16 févr. 1785, ELISABETH CHRISTEN.

3. A.-BARBE, * 30 sept. 1764, † 28 octobre 1765.

4. PIERRE, * 19 oct. 1766, † 9 mars 1767.

5. PIERRE, N° 79, * 5 janvier 1768, † 1er mai 1814,
   ✕ 7 mars 1791, ELISABETH JUNGHAEN.

6. JEAN-JACQUES, * 15 oct. 1769, † 1er janv. 1776.

7. JÉRÉMIE, N° 80, * 31 oct. 1771, † 21 févr. 1829,
   ✕ 27 juin 1796, MARTHE GLÜCK.

Notes. — PIERRE RISLER (N° 58), imprimeur sur étoffes, à Mulhouse, fut admis, le 21 décembre 1760, à la tribu des Tailleurs.

N° 59

JEAN-HENRI RISLER, fils de HENRI, N° 38
* 2 avril 1775, † 1er janv. 1829

✕ 22 janv. 1798

ELISABETH HOFFMANN, * 17 sept. 1779, † 29 nov. 1843,
fille de PHILIPPE HOFFMANN et de MARGUERITE WAGNER.

Enfants :

1. CATHERINE, * 18 févr. 1800, † 31 juill. 1877, à Thann,
   ✕ 31 août 1832, JEAN BAUMGARTNER, † 13 oct. 1857, à Thann.

2. MARGUERITE, * 14 août 1801, † ....,
   ✕ 2 févr. 1821, I. JEAN SIEGFRIED, drapier, † 24 nov. 1823;
   ✕ 14 oct. 1824, II. JEAN-GEORGES SCHLUMBERGER.

3. CHARLES, * 8 mai 1803, † 24 février 1846.

4. JEAN-HENRI, N° 81, * 30 janv. 1805, † 18 mars 1844,
   ✕ 6 mars 1828, LOUISE BIVERT.

5. ELISABETH, * 16 juill. 1809, † 24 févr. 1885,
   ✕ 18 janv. 1832, FRÉDÉRIC BAUDINOT, † 13 janv. 1877.

6. FANNY-MARIE, * 11 févr. 1812, † 12 févr. 1812.

7. FANNY-MARIE, * 21 mars 1813, † 18 juill. 1841,
   ✕ 28 nov. 1834, GEORGES HITSCHLER.

8. FRÉDÉRIC, * 6 avril 1815, † 20 nov. 1815.

9. FRÉDÉRIC, N° 82, * 10 oct. 1816, † 26 sept. 1869,
   ✕ 26 janv. 1843, MARGUERITE MOECKEL.

10. EDOUARD, * 25 avril 1818, † 3 sept. 1818.

Notes. — JEAN-HENRI RISLER (N° 59), brasseur, à l'enseigne du Canon, fut admis, le 1er février 1798, à la tribu des Boulangers.

JEAN RISLER, fils de DANIEL, Nº 40
* 19 févr. 1736, † 12 mars 1822

✕ 31 août 1761

ELISABETH HARTMANN, * 12 janv. 1740, † 28 août 1783,
fille d'ANTOINE HARTMANN et de MARGUERITE HOFER.

Enfants :

1. DANIEL, Nº **83**, * 6 juin 1762, † 13 sept. 1835,
   ✕ 4 févr. 1790, † ANNE SENGELIN.

2. MARGUERITE, * 27 nov. 1764 † 30 sept. 1842,
   ✕ 25 sept. 1782, PIERRE BAUMGARTNER, † 18 mars 1832.

3. ELISABETH, * 1er janv. 1767, † 13 janv. 1771.

4. A.-BARBE, * 28 sept. 1769, † 3 mars 1839,
   ✕ 5 oct. 1785, ABRAHAM JUNGHAEN, † 18 mai 1829.

5. ANTOINE, * 8 janv. 1771, † 26 février 1771.

6. JEAN, * 22 mars 1772, † 8 août 1773.

7. ELISABETH, * 23 août 1774, † 27 mars 1775.

8. A.-CATHERINE, * 4 déc. 1777, † 18 mai 1851,
   ✕ ...., PIERRE BOERINGER, † 15 mai 1835.

9. ELISABETH, * 27 août 1783, † 28 août 1783.

Notes. — JEAN RISLER (Nº 60), chapelier, à Mulhouse, fut admis, le 19 avril 1761, à la tribu des Tailleurs.

JEAN-JACQUES RISLER, fils de JEAN, N° 41
* 17 mai 1744, † 21 janvier 1814
✕ 27 avril 1774

A.-BARBE HOFER, * 8 mars 1753, † 25 avril 1808,
  fille de JOSUÉ HOFER, greffier-syndic, et de GERTRUDE HOFER.

Enfants :

1. A.-ELISABETH, * 10 sept. 1775, † 5 mai 1831.

2. JEAN, * 29 août 1777, † 26 mars 1778.

3. JOSUÉ, * 21 mars 1779, † 16 déc. 1821.

4. JEAN-JACQUES, N° 84, * 3 juin 1780, † 15 mai 1831,
  ✕ 3 août 1810, ROSINE SONNTAG.

5. JEAN, N° 85, * 1er janv. 1782, † 20 févr. 1845,
  ✕ 21 oct. 1811, LUCILE PETIT, de Reims.

6. MARGUERITE, * 21 janv. 1786, † 27 août 1786.

7. A.-BARBE, * 22 mai 1787, † 3 mars 1839,
  ✕ 11 janv. 1810, JEAN-HENRI GRAF, † 15 févr. 1836.

8. GERTRUDE, * 2 déc. 1789, † 27 sept. 1837.

9. CHARLES, N° 86, * 21 janv. 1792, † 1er janv. 1866,
  ✕ 12 oct. 1827, JULIE KOENIG.

Notes. — JEAN-JACQUES RISLER (N° 61), médecin de l'hôpital civil de Mulhouse en 1777. Médecin de la ville 1787. Un des signataires du contrat ratifiant la Réunion de la République de Mulhouse à la France, en 1798.

Il est l'auteur, en 1766, de l'ouvrage *Dissertatio de tumoribus cisticis serosis.*

Admis, le 22 septembre 1782, à la tribu des Vignerons. Chef de tribu 1792.

N° 62

JOSUÉ RISLER, fils de JEAN, N° 41
* 30 janv. 1746, † 28 oct. 1799

✕ 6 mars 1777, à Blansingen (Bade)

FRANÇOISE SCHMALZER, * 13 déc. 1750, † 26 juill. 1791,
fille de JEAN-JACQUES SCHMALZER et de MARGUERITE CORNETZ,
et femme divorcée de MATHIAS MIEG.

Enfants :

1. JEAN-JACQUES, * 13 mars 1782, quitta l'hôpital militaire de Copenhague en 1815, et à partir de cette époque, on le perdit de vue.

2. MARGUERITE, * 6 août 1783, † en 1813, à Lucerne, où elle avait épousé un bonnetier.

3. ANNE-MARIE, * 21 nov. 1784, † 17 févr. 1854,
✕ 7 juin 1809, I. NICOLAS WILLY, boulanger, † 10 mars 1812;
✕ 15 mai 1815, II. JEAN-JACQUES LAEDERICH, boulanger.

4. JEAN, * 16 août 1786, † 1er oct. 1802.

Notes. — JOSUÉ RISLER (N° 62), négociant, à Mulhouse, fut admis, le 15 juin 1777, à la tribu des Tailleurs.

— 62 —

JEAN RISLER, fils de JEAN, N° 41
* 24 juill. 1749, † 28 mars 1805

✕ 13 août 1777

CHRISCHONE BRÜSTLEIN, * 18 mai 1752, † 12 janv. 1803,
fille de JEAN-HENRI BRÜSTLEIN et de CHRISCHONE SCHICKLER.

Enfants :

1. CHRISCHONE, * 5 juill. 1778, † 26 juill. 1791.

2. JEAN, * 20 nov. 1779, † 13 mai 1798.

3. HENRI, N° 87, * 9 mai 1783, † 22 déc. 1847,
   ✕ 24 mai 1805, ELISABETH FRIES.

Notes. — JEAN RISLER (N° 61), orfèvre, à Mulhouse, fut admis, le 21 septembre 1777, à la tribu des Maréchaux.

JÉRÉMIE RISLER, fils de JEAN, N° 41
* 3 févr. 1754, † 4 déc. 1810

✕ 14 janv. 1778

CATHERINE MIEG, * 11 déc. 1754, † 14 sept. 1791,
fille de MATHIAS MIEG (J. U. L.) et d'ELISABETH REBER.

Enfants :

1. ELISABETH, * 9 sept. 1778, † 10 oct. 1829,
    ✕ 21 janvier 1801, RODOLPHE KOËCHLIN, † 11 févr. 1855.

2. A.-MARGUERITE, * 5 nov. 1779, † 18 mai 1807,
    ✕ 24 mars 1803, MATHIAS THIERRY, † 10 avril 1844.

3. JEAN, * 4 avril 1781, † 5 août 1781.

4. MATHIEU, N° 88, * 14 juillet 1782, † 8 juin 1871,
    ✕ 2 nov. 1809, JUDITH DOLLFUS.

5. A.-CATHERINE, * 4 févr. 1784, † 25 juin 1815,
    ✕ 26 févr. 1806, JEAN-MICHEL SPOERLEIN, † 13 juin 1852.

6. JUDITH, * 1er mai 1785, † 3 févr. 1822,
    ✕ 18 janv. 1806, SÉBASTIEN SPOERLEIN, † 26 avril 1842.

7. JÉRÉMIE, * 5 juill. 1786, † 3 nov. 1786.

8. A.-MARIE, * 31 août 1787, † 17 déc. 1811,
    ✕ 28 mai 1804, I. JEAN ZÜRCHER, † 3 juin 1806;
    ✕ 23 nov. 1807. II. GODEFROI HEILMANN, * 17 févr. 1785,
        † 3 mai 1830.

9. JÉRÉMIE, N° 89, * 17 nov. 1788, † 8 juin 1846,
    ✕ 18 déc. 1820, I. HENRIETTE DOLLFUS;
    ✕ 3 févr. 1826. II. LUCIE-EUGÉNIE DOLLFUS.

Notes. — JÉRÉMIE RISLER (N° 64), fabricant d'indiennes, à Mulhouse, fut admis, le 12 février 1778, à la tribu des Tailleurs, en qualité de négociant.

N° 65

JOSUÉ RISLER, fils de JOSUÉ, N° 43
* 24 févr. 1724, † 28 août 1779

✕ 20 mars 1752

MARGUERITE KOECHLIN, * 18 nov. 1731, † 14 déc. 1804 à Oelenberg (commune de Reiningen).
fille de HARTMANN KOECHLIN et de MARGUERITE COCQLET.

Enfants :

1. JOSUÉ[1] * 19 mars 1753, † 1er mars 1815,
   ✕ 25 oct. 1775, ELISABETH HOFER. Divorcèrent en 1785, à Londres.

2. ELISABETH, * 28 juill. 1754, † 17 mars 1758.

3. HARTMANN, * 22 juill. 1756, † 11 mars 1757.

4. HARTMANN[2]. * 24 déc. 1758, † 8 nov. 1844.

5. A.-MARGUERITE, * 15 août 1760, † 20 janv. 1835,
   ✕ 28 janv. 1778, JEAN-GEORGES DOLLFUS, négociant, à Augsbourg,
   † 4 déc. 1825.

Notes. — JOSUÉ RISLER (N° 65), pharmacien, à Mulhouse, fut admis, le 2 février 1751, à la Tribu des Tailleurs, à titre gratuit, et, le 26 décembre 1779, à celle des Agriculteurs. Un des Six du Grand-Conseil 1763-1773.

[1] JOSUÉ RISLER, le fils, également pharmacien, à Mulhouse, fut admis, le 24 déc. 1775, à la tribu des Tailleurs, à titre gratuit.

[2] HARTMANN RISLER, négociant, à Mulhouse, fut admis, le 14 avril 1784, à la tribu des Tailleurs, à titre gratuit.

En 1792, il créa, avec NICOLAS DOLLFUS et LOUIS MALAINE, de Paris, une fabrique de papiers peints, sous la raison sociale NICOLAS DOLLFUS & Cie; deux ans après celle-ci est transformée en GEORGES DOLLFUS & Cie, par suite du départ de NICOLAS DOLLFUS et de son remplacement par GEORGES DOLLFUS. Enfin, en 1795, il prend la fabrique à son compte, avec JACQUES DOLLFUS, et la maison prend le nom de HARTMANN RISLER & Cie. En 1797, l'établissement est transféré à Rixheim et JEAN ZUBER s'y associe, ainsi que DANIEL BAUMGARTNER. Enfin, en 1802, HARTMANN RISLER quitte la fabrique, pour s'établir à Oelenberg avec son frère JOSUÉ, où il réside jusqu'en 1812, époque à laquelle il se retire dans sa propriété d'Illzach.

5

JEAN RISLER, fils de JOSUÉ, Nº 43

* 26 mars 1729, † 27 déc. 1787

× 3 sept. 1754

MARIANNE ENGELMANN, * 21 nov. 1732, † 12 sep. 1776,
fille de JEAN-PHILIPPE ENGELMANN, et de MADELEINE HEIL-
MANN.

Enfants :

1. ELISABETH, * 22 mai 1755, † 12 janv. 1835,
× 10 sept. 1775, EMMANUEL FRIES[1] M. D., † 16 janv. 1789.

2. JEAN-PHILIPPE, Nº 90, * 13 mars 1757, † 30 janv. 1833.
× 7 déc. 1792, BARBE DUPRÉAUX.

3. M.-MADELEINE, * 22 févr. 1761, † 28 févr. 1787.

Notes. — JEAN RISLER (Nº 66), négociant, puis fabricant, à Mulhouse, fut admis, le 22 décembre 1754, à la tribu des Tailleurs, et, le 21 janvier 1768, à titre gratuit, à celle des Vignerons.

[1] EMMANUEL FRIES étudia à l'Université de Bâle en 1759 ; fit ses études de médecine à Strasbourg, où il fut reçu docteur, soutint sa thèse le 28 août 1771. (*Bulletin du Musée historique*, année 1879, AUG. STOEBER.)

MATHIEU RISLER, fils de JEAN, N° 44
* 12 déc. 1734, † 21 juill. 1802

✕ 12 nov. 1759

DOROTHÉE WEISBECK, * 13 nov. 1735, † 22 janv. 1810,
fille de JEAN WEISBECK, avoué, et d'ELISABETH BLECH.

Enfant :

1. JUDITH, * 30 oct. 1760, † 27 déc. 1763.

Notes. — MATHIEU RISLER (N° 67), négociant, à Mulhouse, fut admis, le 11 mars 1759, à la tribu des Tailleurs ; le même jour, à celle des Vignerons, à titre gratuit en souvenir de son arrière-grand-père et de son grand-père, membres de cette tribu ; le 18 décembre 1768, il fut reçu à la tribu des Agriculteurs.

Il créa, en 1762, le premier atelier de tissage de coton, alimenté par des filés fabriqués dans les Vosges.

PIERRE RISLER, fils de PIERRE, N° 45
* 4 juill. 1740, † 2 oct. 1820
✕ 18 janv. 1764

ANNE BREGENZER, * 20 nov. 1740, † 3 mai 1809,
fille de JEAN BRÉGENZER et de JUDITH RISLER **N° 33**.

Enfants :

1. ANNA, * 31 janv. 1765, † 22 janv. 1835,
   ✕ 11 févr. 1784, NICOLAS BLECH, † 25 nov. 1795.

2. JEAN, * 6 sept. 1767, † 15 juill. 1768.

3. PIERRE[1], * 13 juin 1769, † 7 juin 1803.

4. JUDITH, * 15 déc. 1772, † 25 juin 1845 à Aarau.
   ✕ 23 mars 1812, ALEXANDRE VOGEL, † 28 janv. 1839, à Aarau.

5. ELISABETH, * 14 déc. 1775, † 3 juin 1851,
   ✕ 22 mai 1802, JEAN HARTMANN, † 11 janv. 1859.

6. URSULE, * 27 août 1780, † 25 mai 1835.

7. JEAN, * 15 oct. 1782, † 8 août 1815,
   ✕ 22 févr. 1808, SALOMÉ SPOERLEIN, * 12 nov. 1779, † 23 avril 1858,
   fille de SÉBASTIEN SPOERLEIN et de MARIE-SALOMÉ THIERRY.

Notes. — PIERRE RISLER (N° 68), pasteur. V. D. M. à Mulhouse. Suffragant en 1763, pasteur français en 1768.

[1] PIERRE RISLER, le fils, fut fabricant d'horlogerie, sous la firme PIERRE RISLER & Cie, de 1795-1797.

[2] ALEXANDRE VOGEL, fut fabricant de toiles peintes à Rouen.

JÉRÉMIE RISLER, fils de PIERRE, N° 49

* 16 mars 1738, † 31 mars 1792

✕ 7 juin 1769

I. FRANÇOISE D'OMBRÉ VON BIRKENFELD, * 22 avril 1740,
  † 22 sept. 1772;

✕ 2 févr. 1774

II. ROSINE BREGENZER, * 19 mars 1747, † 4 nov. 1799,
  fille de PHILIPPE-HENRI BREGENZER et de ROSINE REBER.

I. Sans Enfants.

II. Enfants :

1. ELISABETH, * 30 oct. 1774, † 18 nov. 1774.

2. PIERRE, N° 91, * 19 mai 1776, † 21 janv. 1858,
  ✕ 24 mars 1801, M.-MARGUERITE RISLER, du N° 74.

3. ROSINE, * 28 juill. 1777, † 27 avril 1856,
  ✕ 5 févr. 1798, HENRI SCHWARTZ, † 18 juill. 1842.

4. JÉRÉMIE, * 17 févr. 1780, † 15 mars 1780.

5. JÉRÉMIE, * 30 mars 1785, † 24 sept. 1821, à Opoloussas (Louisiane).
  ✕ . . . ., HÉLÈNE VON FLICK, de Vienne (Autriche).

Notes. — JÉRÉMIE RISLER (N° 69), fabricant de bas et bonnetier, à Mulhouse, fut admis, le 6 février 1767, à la tribu des Tailleurs, et, le 10 juin 1767, à titre gratuit, à celle des Vignerons. Chef de tribu en 1791.

N° 70

NICOLAS RISLER, fils de NICOLAS, N° 51
* 14 oct. 1753, † 10 août 1820, à Wissembourg

✕ 12 juin 1776

URSULE HOFER, * 11 mai 1756, † 5 janv. 1834,
fille de JEAN-HENRI HOFER et d'ANNE-MARIE MEYER.

Enfants :

1. MARIE-MADELEINE, * 7 févr. 1777, † en juill. 1801, à Montpellier,
   ✕ ...., BARTHOLOMÉ EUSIÈRE, † 28 avril 1826, à Lyon.

2. NICOLAS, N° 92, * 18 mars 1778, † 26 janv. 1823,
   ✕ ...., à Paris, ADELAIDE LESPISSIER.

3. JEAN, * 9 mars 1779, † 15 mai 1779.

4. JEAN-HENRI, N° 93, * 13 juin 1781, † 27 nov. 1829,
   ✕ 10 avril 1813, ROSINE FEHLMANN.

5. JEAN-JACQUES, N° 94, * 31 déc. 1782, † 14 sept. 1853,
   ✕ .... I. VICTOIRE VUILLIER.
   ✕ 13 mai 1839, II. SOPHIE KOECHLIN ;

6. JULIENNE, * 17 févr. 1784, † 29 janvier 1848,
   ✕ 19 nov. 1808, à Canteleu (Seine-Inférieure), AMBROISE LACHÈVRE,
   † 27 août 1818.

7. URSULE, * 11 juill. 1785, † 29 juin 1865.

8. JEAN-ANDRÉ, N° 95, * 10 nov. 1786. † 24 juillet 1843,
   ✕ 2 nov. 1813, AMARANTHE LEFÈVRE.

9. ANNETTE, * 28 févr. 1788, † 30 janv. 1809, à Canteleu (Seine-Inf.)

10. LOUISE, * 22 août 1789, † 29 août 1849.

11. CAROLINE, * 8 sept. 1791, à Thann, † 15 juill. 1792.

12. ALEXANDRE, N° 96, 1er nov. 1792, à Thann, † 15 juill. 1864 ;
    ✕ 27 avril 1818, CLÉMENTINE LEFÈVRE.

13. BARRAS-GUILLAUME, * 31 juill. 1794 à Thann, † 24 oct. 1795 à Thann.

14. CAROLINE, * 11 janvier 1798 à Pothières (Côte-d'Or), † 13 sept. 1869,
✕ 14 avril 1827, JEAN-HENRI HOFER, géomètre, † 22 janvier 1866.

Notes. — NICOLAS RISLER (N° 70), négociant, fabricant d'indiennes à Villefranche (Rhône), et à Thann (Alsace), fut admis, le 17 février 1774, à la tribu des Tailleurs. En 1813, il fut percepteur des contributions à Spire, département du Mont-Tonnerre. Directeur de la commune d'Oberflörsheim (Hesse-Rhénane).

N° 71

JEAN-JÉRÉMIE RISLER, fils de JÉRÉMIE, **N° 52**
* 13 juill. 1754, à St-Pétersbourg, † 27 sept. 1822, à Gnadau
(province de Saxe)

✕ 29 nov. 1780

I. SOPHIE-JACQUELINE HUNZIGER, * 1er oct. 1758, à Aarau,
† 20 mai 1807.
fille de JÉRÔME HUNZIGER et de CATHERINE WIELAND;

✕ 20 juin 1808, à Gnadau (prov. de Saxe)

II. CHARLOTTE-ELISABETH STERNBERG, veuve ZÄSLIN, * 7 sept.
1759 à Neusalz-sur-l'Oder, † 6 mai 1832 à Niesky
(Silésie),
fille de MARTIN-GODEFROY STERNBERG, évêque de la communauté des Frères moraves, à Gnadau, et de HÉLÈNE-CHARLOTTE BAUMGARTEN.

I. Enfants :

1. CHARLES-JÉRÉMIE, **N° 97**, * 28 oct. 1781, à Gnadenberg, † 9 août 1859,
✕ 16 mai 1816, CATHERINE VON BECKENRATH.

2. Jean-Chrétien-Louis, **N° 98**, * 27 juill. 1784, à Gnadau, † 11 sept.
1861, à Herrenhut.
   × 29 mars 1818, à Neusalz-s/O. I. Amélie-Sophie-Concordia Türstig.
   × 26 oct. 1830, à Gnadenberg, II. Julienne-Guillaumette Böse.

3. Justine-Sophie-Elisabeth, * 27 janv. 1791, à Gnadenberg, † 20 mai 1792.

II. Sans Enfants.

Notes. — Jean-Jérémie Risler (N° 71), pasteur à Gnadau, près Magdebourg, en 1786
à Neuwied, en 1796 à Gnadau.

N° 72

JEAN RISLER, fils de PIERRE, N° 53
* 27 août 1747, † 14 déc. 1803

× 7 nov. 1770

JUDITH HUGUENIN, * 5 mai 1748, † 8 janvier 1804,
fille de Daniel Huguenin et de Rosine Koechlin.

Enfants.

1. Daniel, **N° 99**, * 15 déc. 1772, † 22 févr. 1844,
   × 6 nov. 1796, Frédérique Reber.

2. Climène, * 15 oct. 1775, † 7 Juin 1852,
   × 17 sept. 1792, I. Jean-Michel Eck, † 15 mars 1795;
   × 27 mars 1797, II. Jean-Gaspard Dollfus, † 4 mai 1840.

3. Jean, **N° 100**, * 6 oct. 1781, † 9 mars 1856,
   × 31 oct. 1805, Barbe Heilmann.

Notes. — Jean Risler (N° 72), fabricant d'Indiennes, à Mulhouse, fut admis, le
23 décembre 1770, comme négociant, à la tribu des Tailleurs, et, le 22 mars 1772, à celle des
Agriculteurs.

NICOLAS RISLER, fils de PIERRE, Nº 53

* 28 mai 1754, † 15 févr. 1799

✕ 1ᵉʳ nov. 1780

MARTHE HEILMANN, * 1ᵉʳ janv. 1764, † 23 janv. 1799, fille de NICOLAS HEILMANN, tonnelier, et d'ANNE-CATHERINE DOLLFUS.

Enfants :

1. NICOLAS, * 14 août 1781, † 17 sept. 1782.

2. CLIMÈNE, * 31 août 1782, † 14 nov. 1850,
   ✕ 3 août 1807, FRÉDÉRIC GERBER, * 12 nov. 1784, † 5 mai 1865.

3. A.-CATHERINE, * 27 nov. 1783, † 19 août 1831,
   ✕ .... JEAN-GEORGES SCHAEFFER, † 11 mai 1835, à Ribeauvillé (Alsace).

4. NICOLAS, * 11 juin 1788, † 13 nov. 1790.

5. ELISABETH, * 17 janv. 1799, † ....
   ✕ 29 mars 1847, à Bayreuth, JEAN SORGER, jardinier, Ile Saint-Georges, près Bayreuth.

Notes. — NICOLAS RISLER (Nº 73), négociant, à Mulhouse, fut admis, le 26 déc. 1779, à la tribu des Tailleurs.

N° 74

JEAN RISLER, fils de JEAN, N° 54
* 12 janv. 1760, † 23 avril 1829

✕ 17 janv. 1781

CHRISCHONE ZÜRCHER, * 16 déc. 1762, † 13 août 1837,
fille de NICOLAS ZÜRCHER et de MARIE DOLLFUS.

Enfants :

1. M.-MARGUERITE, * 27 févr. 1782, † 19 janv. 1861,
   ✕ 24 mars 1801, PIERRE RISLER, **N° 91**.

2. MARIE, * 14 juin 1783, † 25 juin 1783.

3. MARIE, * 14 juil. 1784, † 20 sept. 1859.

4. JEAN, **N° 101**, * 25 juin 1786, † 3 févr. 1870,
   ✕ 8 oct. 1820, A.-MARIE GROSSMANN.

5. NICOLAS, * 31 déc. 1788, † 11 juil. 1834.

6. CHRISCHONE, * 16 oct. 1790, † 24 mai 1871,
   ✕ 14 déc. 1812, JEAN-BENJAMIN KUHLMANN [1], de Colmar.

Notes. — JEAN RISLER (N° 74), pharmacien et libraire-imprimeur à Mulhouse, fut admis, le 11 mars 1781, à la tribu des Tailleurs. Un des VI du Grand-Conseil, en 1795. Ce fut lui qui commença nos tableaux généalogiques.

[1] JEAN-BENJAMIN KUHLMANN fut adjoint à l'ingénieur en chef du cadastre du Haut-Rhin.

DANIEL RISLER, fils de MATHIEU, Nº 55

* 3 déc. 1772, † 28 mai 1838, à Fribourg (Bade)

✕ 15 janv. 1793

M.-MADELEINE FRAUGER, * 22 mars 1774, † 14 juin 1827,
fille de JEAN FRAUGER et de CATHERINE FRÖHLICH.

Enfants :

1. JEAN, * 17 déc. 1793, † 5 oct. 1837, à Alger.

2. MADELEINE, * 28 avril 1795, † 12 août 1824,
    ✕ 29 nov. 1819, THÉODORE JAHN, dessinateur, * 12 oct. 1788, à
    Gotha, † 13 mai 1826, fils de JEAN-GEORGES JAHN et de MARTHE-
    CATHERINE NIEDERTHAL.

3. DANIEL, * 30 août 1797, † 31 mai 1816.

4. CATHERINE, * 7 sept. 1808, † 16 févr. 1811.

5. JACQUES, * 18 avril 1812, † 23 juin 1898, à Paris,
    ✕ 8 févr. 1838, à Paris, ELISABETH GUILLON, * 22 févr. 1821, à
    Thionville, † 5 mars 1890, à Paris.

Notes. — DANIEL RISLER (Nº 75), négociant, à Mulhouse, fut admis, le 26 mars 1793, à
la tribu des Tailleurs.

JÉRÉMIE RISLER, fils de MATHIEU, N° 55
* 27 nov. 1774, † 21 févr. 1830

X 15 juil. 1794, à Langres

MARGUERITE-EMILIE LEFÈVRE, * 30 juil. 1776, à Langres,
† 19 janv. 1858,
fille de LOUIS LEFÈVRE et de MARIE THÉVENOT.

Enfants :

1. CLIMÈNE [1], * 8 juil. 1795, † 15 févr. 1874.

2. LOUIS-DANIEL, N° **102**, * 15 mars 1798, † 2 oct. 1854,
   X 13 mars 1820, CATHERINE MÜLLER.

3. FRANÇOISE-VICTOIRE, * 9 déc. 1799, à Bourges, † 15 oct. 1876,
   X 20 oct. 1825, JEAN GERSPACH, tailleur, de Säckingen, * 23 juin
   1799, † 21 nov. 1868.

4. ALINE, * 16 avril 1801, † 14 juil. 1872.

5. A.-MADELEINE, * 5 janv. 1803, † 24 janv. 1858.

6. JÉRÉMIE, N° **103**, * 5 févr. 1807, † 8 déc. 1869,
   X 20 oct. 1836, ANNE-CATHERINE NANSÉ.

7. MATHIEU, N° **104**, * 11 déc. 1810, † 13 avril 1859,
   X 7 janvier 1836, ELISABETH FRITZ.

8. ADÉLAIDE, * 14 nov. 1812, † 29 juil. 1889,
   X 17 juin 1845, CHRISTOPHE LINDENBERGER, boulanger.

9. LOUIS, * 26 janv. 1818, † 20 nov. 1837.

Notes. — JÉRÉMIE RISLER (N° 76), d'abord négociant, puis receveur de l'octroi, en 1825, à Mulhouse. Il fut admis, le 19 févr. 1795, à la tribu des Tailleurs.

[1] CLIMÈNE RISLER a une fille, JOSÉPHINE RISLER, mariée à LOUIS-NOEL MORLOT.

N° 77

JEAN-HENRI RISLER, fils de JÉRÉMIE, N° 57
* 13 janv. 1770, † 16 juil. 1818

X 25 mars 1801, à Strasbourg

MARIE-MADELEINE SCHMIDT, * 12 juin 1776, à Strasbourg,
† 24 déc. 1844,
fille de JEAN-JACQUES SCHMIDT et de MARIE-SALOMÉ BLINDER.

Enfant :

1. HENRI, * 21 janv. 1802, † 21 janv. 1807.

Notes. — JEAN-HENRI RISLER (N° 77), perruquier, à Strasbourg.

N° 78

JEAN-MICHEL RISLER, fils de PIERRE, N° 58
* 12 mai 1763, † 24 juin 1790

X 16 févr. 1785

ELISABETH CHRISTEN, * 10 août 1754, † 29 janv. 1800,
veuve DIETSCH et fille de JEAN CHRISTEN et de CATHERINE
SCHMALZER.

Enfants :

1. JEAN-MICHEL, * 27 août 1786, † 20 févr. 1787.

2. JEAN, * 9 déc. 1787, † 12 avril 1790.

3. PIERRE, * 16 févr. 1789, † 23 déc. 1789.

Notes. — JEAN-MICHEL RISLER (N° 78), imprimeur sur étoffes, à Mulhouse, fut admis,
le 27 févr. 1785, à la tribu des Tailleurs.

PIERRE RISLER, fils de PIERRE, N° 58
* 5 janv. 1768, † 1er mai 1814

✕ 7 mars 1791

ELISABETH JUNGHÄN, * 6 oct. 1765, † 9 févr. 1840, à Illzach,
fille d'ADAM JUNGHÄN et de SALOMÉ WEBER.

Enfants :

1. ELISABETH, * 17 nov. 1791, † 10 mars 1872,
    ✕ 11 déc. 1811, JEAN-JACQUES DOLLFUS, * 30 oct. 1780, † 22 juin
    1827.

2. PIERRE, * 4 mai 1793, † 10 août 1794.

3. PIERRE, * 9 déc. 1796, † 26 juil. 1814.

4. SALOMÉ, * 2 juin 1801, † 17 mars 1841,
    ✕ 28 oct. 1824, HENRI KNATZ, * 6 janv. 1798, † 17 mars 1866.

Notes. — PIERRE RISLER (N° 79), graveur sur bois, à Mulhouse, fut admis, le 19 juin 1791, à la tribu des Boulangers.

JÉRÉMIE RISLER, fils de PIERRE, N° 58
* 31 oct. 1771, † 21 févr. 1829

✕ 27 juin 1796

MARTHE GLÜCK, * 25 août 1772, † 4 févr. 1815,
fille de JEAN GLÜCK et de MARGUERITE MAYER.

Enfants :

1. MARGUERITE, * 3 avril 1797, † 13 oct. 1882,
✕ 20 août 1818, I. HENRI SPECHT, * 16 nov. 1780, † 31 mai 1822;
✕ 7 oct. 1824, II. DANIEL GILG, * 1ᵉʳ janv. 1790.

2. MARTHE, * 11 sept. 1798, † 3 avril 1842,
✕ .... CHARLES ROTH, † 1837, à Bâle.

3. A.-MARIE, * 1ᵉʳ juin 1800, † 2 mars 1801.

4. JEAN, **N° 105**, * 8 févr. 1802, † 9 févr. 1837,
✕ 5 mai 1831, ELISABETH HERRMANN.

5. PIERRE, * 1ᵉʳ mars 1804, † 28 août 1824, à Colmar.

Notes. — JÉRÉMIE RISLER (N° 80), poêlier, à Mulhouse, fut admis, le 25 sept. 1796, à la tribu des Maréchaux.

JEAN-HENRI RISLER, fils de JEAN-HENRI, N° 59
* 30 janv. 1805, † 18 mars 1844

× 6 mars 1828

LOUISE BIVERT, * 11 oct. 1810, à Wolfganzen, † 27 mai 1868,
fille de FRANÇOIS-XAVIER BIVERT et de MARIE-JOSÉPHINE
DUPONT.

Enfants :

1. JEAN-HENRI, **N° 106**, * 16 avril 1829, † 2 juil. 1894,
× 30 juin 1850, JOSÉPHINE BEUNAT.

2. EMILE, * 28 sept 1830, † 12 août 1835.

3. JULES, **N° 107**, * 11 juil. 1832,
× 7 juil. 1877, SOPHIE CRON.

4. CAMILLE, * 7 févr. 1834, † en mer, 3 sept. 1850.

5. EMILE, * 21 sept. 1835, † 15 nov. 1835.

6. EUGÈNE, * 16 janv. 1837, † 11 mai 1887.

7. LOUISE, * 14 juin 1838, † 16 sept. 1838.

8. EUGÉNIE, * 7 août 1839, † 21 avril 1843.

Notes. — JEAN-HENRI RISLER (N° 81), brasseur, place de la Réunion, à Mulhouse, fut
conseiller municipal en 1843.

FRÉDÉRIC RISLER, fils de JEAN-HENRI, Nº 59

* 10 oct. 1816, † 26 sept. 1869

✕ 16 janv. 1843

MARGUERITE MOECKEL, * 10 mars 1824, † 24 mars 1846, fille de JEAN-BENJAMIN-GUILLAUME MOECKEL et de M.-CLIMÈNE GOETZ.

Enfant :

1. FRÉDÉRIC, * 10 déc. 1844, † 24 avril 1851.

Notes. — FRÉDÉRIC RISLER (Nº 82) fut négociant, à Mulhouse.

N° 83

DANIEL RISLER, fils de JEAN, N° 60
* 6 juin 1762, † 13 sept. 1835

✕ 4 févr. 1790

ANNE SENGELIN, * 10 sept. 1771, † 10 juin 1823,
fille de NICOLAS SENGELIN et d'ANNE-BARBE KOECHLIN.

Enfants :

1. A.-BARBE, * 18 mai 1792, † .... 1848?

2. ELISABETH, * 12 févr. 1794,
✕ .... FRANÇOIS PORZER, officier dans l'armée autrichienne.

3. JEAN, * 24 juin 1796, † 1er juin 1797.

4. NICOLAS, * 20 juin 1797, † 1er oct. 1799.

5. DANIEL, N° 108, * 14 oct. 1798, † 31 oct. 1875.
✕ 7 janv. 1834, MARIE-ROSETTE PRAD.

6. NICOLAS, N° 109, * 16 déc. 1799, † 5 sept. 1882.
✕ 19 oct. 1826, JUDITH GRUMLER.

7. JEAN, * 16 mai 1801, † 29 sept. 1816.

8. FERDINAND, * 19 févr. 1803, † 21 mars 1866, à Paris.
✕ .... MARIE BRENNER, † 12 déc. 1897, à Ivry (Seine).

9. ANNE, * 17 mai 1809, † 11 avril 1810.

10. ANNE, * 19 nov. 1816, † 8 mai 1817.

Notes. — DANIEL RISLER (N° 83), tanneur, à Mulhouse, fut admis, le 8 mars 1789, à la tribu des Bouchers.

———

JEAN-JACQUES RISLER, fils de JEAN-JACQUES, N° 61
* 3 juin 1780, † 15 mai 1831

✕ 3 août 1810

ROSINE SONNTAG, * 7 oct. 1786, † 3 déc. 1857,
fille de HENRI SONNTAG et d'ANNE-MARIE PHILIPP.

Enfants :

1. JEAN-JACQUES, * 30 sept. 1810, † 23 févr. 1850.

2. JEAN-HENRI, * 1er nov. 1812, † 6 juin 1814.

3. ROSINE, * 5 déc. 1814, † 2 déc. 1881.

4. A.-MARGUERITE, * 11 déc. 1816, † 23 nov. 1859.

5. BARBE, * 28 janv. 1822, † 30 janv. 1822.

Notes. — JEAN-JACQUES RISLER (N° 84), fut tanneur, à Mulhouse.

JEAN RISLER, fils de JEAN-JACQUES, Nᵒ 61
✱ 1ᵉʳ janv. 1782, † 20 févr. 1845, à Passy (Seine)

✕ 21 oct. 1811, à Cury-Housse (Aisne)

VIRGINIE-LUCILE-THÉRÈSE PETIT, ✱ 24 juil. 1794, à Cury-Housse,
† 2 mai 1856, à Bergerac (Dordogne),
fille de LOUIS-FRANÇOIS PETIT et de MARIE-MARTHE-THÉRÈSE-
AGATHE PETIT.

Enfants :

1. LUCILE, ✱ 26 août 1812, † 21 mai 1823.

2. EUGÉNIE, ✱ 8 déc. 1814, † 24 juil. 1898, à Sigoulès (Dordogne).
   ✕ 29 janv. 1833, à Sᵗ-Naixent (Dordogne.), CHᵉˢ JOSEPH-EDM. MIELLE.

3. EUGÈNE, Nᵒ 110, ✱ 8 août 1816, à Reims, † 25 avril 1890, à Septeuil.
   ✕ 23 oct. 1856, à Septeuil (Seine-et-Oise), THÉRÈSE-CLÉMENTINE
   LELOUP.

Notes. — JEAN RISLER (Nᵒ 85), fut négociant à Reims.

CHARLES RISLER, fils de JEAN-JACQUES, N° 61
* 21 janv. 1792, † 1er janv. 1866

✕ 12 oct. 1827, à Sainte-Marie-aux-Mines

JULIE KOENIG, * 1er mai 1802, † 9 juil. 1842,
fille d'ALEXANDRE KOENIG et de ROSINE BLECH.

Enfants :

1. LOUISE, * 9 oct. 1828, † 19 mai 1854.

2. CHARLES, N° III, * 30 août 1833, † 24 avril 1909, à Neuchâtel (Suisse).
   ✕ 14 août 1855, FANNY-SOPHIE BIPPER.

Notes. — CHARLES RISLER (N° 86) fut négociant, à Mulhouse.

N° 87

HENRI RISLER, fils de JEAN, N° 63
* 9 mai 1783, † 22 déc. 1847, à Paris

✕ 24 mai 1805

ELISABETH FRIES, * 8 mai 1786, † 14 août 1841,
fille d'EMMANUEL FRIES et d'ELISABETH RISLER **N° 66**.

Enfants :

1. HENRIETTE-ELISABETH, * 2 avril 1806, † 14 mars 1859,
✕ 22 mai 1824, CHARLES WEBER, * 4 août 1797, à Lutterbach,
† 21 nov. 1886.

2. JEAN-HENRI, **N° 112**, * 25 mai 1808, † 5 nov. 1883,
✕ 25 févr. 1836, MARTHE KIST.

3. JEAN-ADOLPHE, **N° 113**, * 28 avril 1817, † 22 sept. 1874,
✕ 15 sept. 1846, JEANNE-LÉONIDE CLAMAGERAN.

Notes. — HENRI RISLER (N° 87) fut orfèvre, à Mulhouse.

MATHIEU RISLER, fils de JÉRÉMIE, N° 64
* 14 juil. 1782, † 8 juin 1871, à Cernay

✕ 2 nov. 1809

JUDITH DOLLFUS, * 2 août 1792, † 2 avril 1863, à Cernay,
fille de JEAN-GEORGES DOLLFUS et de MARGUERITE RISLER,
N° 65.

Enfants :

1. JÉRÉMIE, **N° 114**, * 6 sept. 1811, † 8 mai 1884, à Fribourg (Brisg.),
   ✕ 8 nov. 1838, MINA PYHRR.

2. MARGUERITE, * 11 juil. 1813, † 22 juin 1815.

3. SOPHIE, * 13 févr. 1815, † 6 mars 1899, à Colmar,
   ✕ 6 juillet 1840, THÉODORE BRYLINSKI, * 9 nov. 1805, à Cracovie,
   † 5 mars 1885, à Cernay.

4. MATHIEU, **N° 115**, * 9 juil. 1816, † 18 oct. 1870,
   ✕ 9 avril 1842, HENRIETTE RISLER, **N° 89.**

5. GEORGES-ALPHONSE, **N° 116**, * 28 janv. 1818,
   ✕ 24 août 1846, LOUISE-JOSÉPHINE SCHMERBER.

6. AUGUSTE, **N° 117**, * le 28 août 1820, † 13 avril 1899,
   ✕ 12 juil. 1855, I. FANNY SPINDLER ;
   ✕ 20 janv. 1862, II. ELISABETH HERTWECK.

7. EMILE[1], * 29 oct. 1821, † 16 mars 1904, à New-York.

8. FANNY, * 28 mars 1824, † 12 avril 1904, à Baden (Bade).

9. CAMILLE, **N° 118**, * 3 juin 1828, † ....
   ✕ 1er mai 1860, ANNE-MADELEINE CHALANDRE.

10. EUGÉNIE, * 28 février 1830, † ....
    ✕ 30 août 1849, PIERRE JUTEAU, * .... à Belfort, † 1er févr. 1871.

Notes. — MATHIEU RISLER (N° 88), manufacturier et maire de la commune de Cernay pendant de nombreuses années, fut un des fondateurs de l'Asile agricole de l'Ochsenfeld.

[1] EMILE RISLER fut professeur au Collège Saint-François-Xavier, à New-York.

JÉRÉMIE RISLER, fils de JÉRÉMIE, N° 64
* 17 nov. 1788, † 8 juin 1846

✕ 18 déc. 1820

I. HENRIETTE DOLLFUS, * 17 déc. 1788, † 23 juin 1823,
veuve JEAN-BERNARD SCHWARTZ et fille de JEAN-GEORGES
DOLLFUS et d'ANNE-MARGUERITE RISLER, **N° 65**.

✕ 3 févr. 1826

II. LUCIE-EUGÉNIE DOLLFUS, * 14 avril 1795, † 1er juin 1846,
fille de DANIEL DOLLFUS et de HENRIETTE HAUSSMANN.

I. Enfant :

1. HENRIETTE, * 11 janv. 1823, † ....
✕ 9 avril 1842, MATHIEU RISLER, 4. **N° 88**.

II. Enfants :

2. CHARLES-EUGÈNE, **N° 119**, * 5 nov. 1828, † 6 août 1905,
✕ 16 juil. 1856, EUGÉNIE-JEANNE PUERARI.

3. SOPHIE-NATHALIE, * 14 août 1830, † ....
✕ 4 déc. 1849, à Ingouville – Le Havre, JEAN-HENRI MAC–MAHON,
* 15 juil. 1815, à Dublin (Irlande).

4. IDA, * 1er juil. 1837, † 24 août 1905, à Concise (Vaud),
✕ 19 juin 1856, JAMES DUPASQUIER, au Havre.

Notes. — JÉRÉMIE RISLER (N° 89), manufacturier, constructeur de machines et filateur
de laines, à Mulhouse.

JEAN-PHILIPPE RISLER, fils de JEAN, N° 66
* 13 mars 1757, † 30 janv. 1833, à Lisdorf

✕ 7 déc. 1792, à Sarrelouis

BARBE DUPRÉAUX, * 11 sept. 1775, † 31 janv. 1840, à Lisdorf,
fille de JEAN-JACQUES DUPRÉAUX et de MARGUERITE MAYER.

Enfants :

1. A.-MARIE-GEORGETTE, * 16 mars 1798, † 17 mars 1867,
   ✕ 21 déc. 1818, JACQUES PAULI, à Lisdorf.

2. MARIANNE, * 10 juin 1806, † 31 oct. 1830.

3. CHARLES-PHILIPPE, N° 120, * 21 juin 1809, † 30 nov. 1871,
   ✕ 17 juin 1837, ELISABETH BOUR.

4. PHILIPPE, N° 121, * 3 nov. 1811, † 5 juill. 1884,
   ✕ 25 juill. 1837, CATHERINE ELANGÉ.

5. ELISABETH, * 21 sept. 1815, † 24 avril 1899,
   ✕ 8 juill. 1848, I. JOSEPH SPIESS, † 11 mai 1852;
   ✕ 18 mai 1854, II. ADOLPHE OPITZ, * 22 août 1726, à Lisdorf,
   † 26 juill. 1886.

Notes. — JEAN-PHILIPPE RISLER (N° 90), capitaine d'une compagnie du régiment suisse, colonel de Sonnenberg, au service du Roy de France, se fixa à Lisdorf, près Sarrelouis, après le licenciement de son régiment, par décret de l'Assemblée nationale de 1792.

PIERRE RISLER, fils de JÉRÉMIE, N° 69
* 19 mai 1776, † 21 janv. 1858

✕ 24 mars 1801

M.-MARGUERITE RISLER, * 27 févr. 1782, † 19 janv. 1861,
fille de JEAN RISLER, **N° 74**, et de CHRISCHONE ZÜRCHER.

Enfants :

1. ALBERTINE-ROSETTE, * 11 févr. 1802, † 5 nov. 1883.

2. ROSINE (ROSALIE), * 29 sept. 1803, † 8 avril 1892,
   ✕ 2 avril 1835, DAVID KOENIG, † 27 déc. 1862.

3. JÉRÉMIE[1], * 20 août 1805, † 17 févr. 1880, à Alger.

4. JEAN-PIERRE[2], * 15 nov. 1806, † 9 oct. 1882, à Alger.

5. JEAN-LOUIS, * 20 mars 1808, † 26 août 1833.

6. EMILIE, * 9 mai 1811, † 4 nov. 1839.

7. SOPHIE, * 17 janv. 1815, † 13 déc. 1892.

8. MARIE-JULIE-CAROLINE, * 31 oct. 1817, † 21 sept. 1883, à Isserville
   (Algérie),
   ✕ 14 sept. 1846, HENRI-JACQUES-EMILE ZÜRCHER.

9. CHARLES-NICOLAS, **N° 122**, * 8 oct. 1818, † 15 avril 1885,
   ✕ 9 oct. 1861, EUGÉNIE STARCK.

Notes. — PIERRE RISLER (N° 91) était fabricant de toiles peintes de 1801-1810, associé chez SCHWARTZ, HOFER & Cie, plus tard SCHWARTZ, RISLER & Cie, à Cernay.

[1] Auteur des *Tableaux généalogiques*, édition de 1850.

[2] Libraire-éditeur, propriétaire de l'imprimerie J.-P. RISLER, plus tard E. KOENIG, et enfin BRÜSTLEIN & Cie. Il avait succédé à JEAN RISLER, du N° 74.

NICOLAS RISLER, fils de NICOLAS, N° 70
* 18 mars 1778, † 26 janv. 1823, à Paris

× .... 1799, à Paris

MARIE-LOUISE-ADÉLAIDE LESPISSIER, * 11 juin 1782, à Paris,
† 4 mars 1854, à Mulhouse,
fille de ....

Enfants :

1. ADÈLE-ANTOINETTE-NINA [1], * 31 mai 1800, † 26 juill. 1874.

2. CHARLES-NICOLAS, N° 123, * 17 juill. 1805, † 3 mai 1849, à Paris,
× .... ADÈLE FORTIER.

3. HÉLÈNE-ADOLPHINE [1], * 9 août 1814, † 6 déc. 1891, à Rouen.

4. LÉONCE, * 23 juin 1816, à Saint-Aubin-la-Rivière (Seine-Inférieure),
† 2 juill. 1816.

Notes. — NICOLAS RISLER (N° 92), fut négociant, à Paris.

[1] Mlles NINA et ADOLPHINE RISLER tinrent à Mulhouse pendant de nombreuses années une institution de jeunes filles, connue sous le nom de « Pension Risler ».

N° 93

JEAN-HENRI RISLER, fils de NICOLAS, N° 70
* 13 juin 1781, † 27 nov. 1829

✕ 10 avril 1813, à Aarbourg (Argovie)

MARIE-ROSINE FEHLMANN, * 8 janv. 1793, † 26 sept. 1865,
fille de Jacques Fehlmann et de Rosine Schmitter.

Enfants :

1. Jean-Henri[1], * 7 oct. 1814, † 26 août 1854.

2. Louis, N° **124**, * 15 mai 1817, † 1er déc. 1892,
   ✕ 22 avril 1852, à Altkirch, Pauline Thierry.

Notes. — Jean-Henri Risler (N° 93), négociant en 1812, associé de la maison Risler, Koechlin & Cie, fabricants de toiles peintes à Thann et à Mulhouse, fut nommé membre du Conseil municipal, par ordonnance royale du 24 mars 1819.

[1] Jean-Henri Risler fils, négociant.

N° 94

JEAN-JACQUES RISLER, fils de NICOLAS, N° 70
✳ 1er déc. 1782, † 14 sept. 1853

✕ 27 avril 1801

I. MARIE-AMBROISE-VICTOIRE VUILLIER, ✳ 10 juil. 1784, à Ornans (Doubs), † 11 juill. 1806, à Maizières (Doubs), fille de Joseph-Bonaventure Vuillier [1], et de Claude-Barbe-Pierrette Dupuy.

✕ 13 mai 1839

II. SOPHIE KOECHLIN, ✳ 3 août 1798, † 6 oct. 1860, fille de Josué Koechlin et d'A.-Catherine Mieg.

I. Enfants :

1. Alphonse, ✳ 14 janv. 1802, † 15 févr. 1802.

2. Claudine-Joséphine-Laure, ✳ 1er oct. 1804, † 26 août 1891, à Paris, ✕ 4 déc. 1834, à Paris, Nicolas Gerber, pasteur, ✳ ...., à Sainte-Marie-aux-Mines, † 19 déc. 1868.

II. Sans Enfants.

Notes. — Jean-Jacques Risler (N° 94) servit dans la marine française, en qualité de novice matelot, puis comme aspirant ; fut fait prisonnier en septembre 1806, à bord de la frégate *L'Armide*, par l'escadre anglaise de l'amiral Sir Samuel Hood, dans la rade de Rochefort. Interné dans la ville de Liechtfield (Straffortshire), il y resta six années durant ; fit une tentative d'évasion, fut repris à Winchester et envoyé sur le ponton Kronprinz Frédéric, y passa 18 mois ; il parvint à en sortir en se faisant passer comme originaire de Mühlhausen (Thuringe) et, après bien des vicissitudes, parvint à regagner Mulhouse, sa ville natale.

[1] Joseph Bonaventure Vuillier, ancien directeur du bureau de géométrie de l'ancienne intendance de l'Ile de Corse, décédé à Ornans (Doubs), le 16 juin 1809.

JEAN-ANDRÉ RISLER, fils de NICOLAS, N° 70

* 10 nov. 1786, † 24 juill. 1843, à St-Quentin

✕ 2 nov. 1813

AMARANTHE LEFÈVRE, * 29 sept. 1794, à St-Quentin, † 9 févr. 1884,

fille de JEAN-FRANÇOIS LEFÈVRE et de MARIE-ANGÉLIQUE-FRANÇOISE GRÉGOIRE.

Enfants :

1. MARIE-AMÉLIE, * 15 août 1814, † 27 juin 1842,
   ✕ 6 juin 1836, CHARLES-PIERRE-HONORÉ SALATS, de Saint-Quentin.

2. CLÉMENTINE-ANGÉLINE, * 18 déc. 1815, † 7 janv. 1856,
   ✕ 22 janv. 1848, CHARLES-PIERRE-HONORÉ SALATS, † à Samoreau, Seine-et-Marne.

3. ANDRÉ, * 1er mars 1819, † 24 mai 1838.

Notes. — JEAN-ANDRÉ RISLER (N° 95), fut négociant, à Saint-Quentin.

ALEXANDRE RISLER, fils de NICOLAS, N° 70

* 1er nov. 1792, † 15 juill. 1864

✕ 27 avril 1818

LOUISE-AIMABLE-CLÉMENTINE LEFÈVRE, * 15 avril 1796, à Saint-Quentin, † 26 mai 1873,
fille de JEAN-FRANÇOIS LEFÈVRE et de MARIE-ANGÉLIQUE-FRANÇOISE GRÉGOIRE.

Enfants :

1. CHARLES, N° 125, * 6 avril 1819, à Saint-Quentin, † 3 sept. 1868, ✕ 3 avril 1856, à Paris, THÉRÈSE DURAND.

2. JULIETTE, * 20 oct. 1820, † 12 févr. 1883.

3. JULES-CAMILLE, * 30 juin 1829, à Saint-Quentin, † 25 août 1893, à Mulhouse.

Notes. — ALEXANDRE RISLER (N° 96), fut manufacturier, à Saint-Quentin.

CHARLES-JÉRÉMIE RISLER, fils de JÉRÉMIE, N° 71
* 28 oct. 1781, † 9 août 1859, à Créfeld

✕ 16 mai 1816

CATHERINE VON BECKENRATH, † 17 févr. 1786, † 21 déc. 1844,
fille de HENRI VON BECKENRATH et d'ANNA VON MALSEM.

Enfants :

1. ANNE-SOPHIE, * 4 mars 1817, † 9 févr. 1865, à Anvers.

2. JEAN-HENRI, * 19 mars 1818, † 15 avril 1871, à Washington (Etats-Unis d'Amérique).

3. CHARLOTTE-ELISABETH, * 14 juin 1819, † 13 juin 1888.

4. CHARLES-ERNEST, N° 126, * 3 avril 1821, † 2 mai 1891,
✕ .... I. ELISABETH BRAUN.
✕ 11 avril 1868, II. ROSALIE-THÉRÈSE LACKERMANN.

5. ERNESTINE, * 30 avril 1822, † 10 sept. 1888.

6. AUGUSTE, N° 127, * 18 sept. 1823, † 16 nov. 1893,
✕ 21 janv. 1854, JEANNE-WILHELMINE SOHMANN.

Notes. — CHARLES-JÉRÉMIE RISLER (N° 97), fut professeur à Créfeld.

N° 98

JEAN-CHRÉTIEN-LOUIS RISLER, fils de JÉRÉMIE, N° 71
* 27 juill. 1784, † 11 sept. 1861, à Herrnhut

✕ 29 mars 1818, à Neusalz a. O.

I. AMÉLIE-SOPHIE-CONCORDIA TÜRSTIG, * 26 mai 1789, à Niesky (Silésie), † 14 févr. 1830,
fille d'ERNEST-FRÉDÉRIC TÜRSTIG et d'AGNÈS-HENRIETTE IKIN.

✕ 26 oct. 1830, à Gnadenberg

II. JULIETTE-WILHELMINE BÖSE, * 28 févr. 1804, à Herrnhut, † 21 oct. 1831, à Gnadenfeld, près Cosel (Silésie),
fille de GEORGES-PHILIPPE-MATHIEU BÖSE et d'ELISABETH KÖNIGSEER.

I. Enfants :

1. CLAIRE-AMÉLIE, * 24 juin 1823, † 6 févr. 1904,
   ✕ 19 oct. 1845, ALEXANDRE KÖLBING, D. M., * 20 oct. 1806, à Herrnhut, † 23 nov. 1884.

2. LOUISE-ODILE-EMMA, * 26 avril 1827, † 10 févr. 1866.

II. Sans Enfants.

Notes. — JEAN-CHRÉTIEN-LOUIS RISLER (N° 98), fut régisseur de domaines, en Silésie.

DANIEL RISLER, fils de JEAN, N° 72
* 15 déc. 1772, † 22 févr. 1844

× 6 mars 1796

FRÉDÉRIQUE REBER, * 29 déc. 1773, † 8 juill. 1831,
fille de JEAN-GEORGES REBER et de FRÉDÉRIQUE VON
SCHWENGSFELD.

Enfants :

1. DANIEL, * 10 oct. 1797, † 13 juin 1873.

2. ADÈLE, * 18 nov. 1800, † 24 juill. 1826,
   × .... ANTOINE-MICHEL PAIRA, † 2 mars 1883, à Paris.

3. MATHILDE, * 24 mai 1811, † 13 mars 1885,
   × 25 juill. 1833, CHARLES-LOUIS LANTZ, * 8 nov. 1809, à Winden
   (Bavière rhénane), † 5 mai 1875.

Notes. — DANIEL RISLER (N° 99), fut manufacturier, à Mulhouse.

N° 100

JEAN RISLER, fils de JEAN, N° 72
* 6 oct. 1781, † 9 mars 1856

✕ 31 oct. 1805

BARBE HEILMANN, * 24 mars 1784, † 6 mars 1853,
fille de GODEFROY HEILMANN et de GERTRUDE HOFER.

Enfants :

1. JEAN-DANIEL, * 2 oct. 1806, à Paris, † 10 mai 1871.

2. JULES,
3. EMILE,
* 21 juill. 1810, à Paris, † .... 1812, à Paris.
† .... 1815, à Paris.

4. ALBERT-EUGÈNE, * 26 juin 1816, à Paris, † 28 nov. 1819.

5. CAMILLE-FERDINAND, N° 128, * 26 avril 1821, à Paris, † 28 juin 1881, ✕ 4 janv. 1848, EUGÉNIE KESTNER.

Notes. — JEAN RISLER (N° 100), fut négociant, à Paris.

____

JEAN RISLER, fils de JEAN, N° 74

*** 25 juin 1786, † 3 févr. 1870**

✕ 8 oct. 1822

A.-MARIE GROSSMANN, * 14 mars 1792, † 1er mars 1853,
fille de RODOLPHE GROSSMANN et d'ANNE ERNÉ.

Enfants :

1. MARIE, * 24 sept. 1823, † 24 sept. 1823.

2. MARIE, * 28 oct. 1824, † 17 avril 1828.

3. EUGÉNIE-CHRISCHONE, * 2 mars 1826, † 16 mars 1881,
✕ 16 mars 1846, HENRI BAUMGARTNER, * 19 févr. 1813, † 25 mai
1897.

4. JEAN, N° 129, * 27 avril 1829, † 7 févr. 1864,
✕ 29 oct. 1855, ADÈLE KOECHLIN.

Notes. — JEAN RISLER (N° 101), fut pharmacien, à Mulhouse.

Nº 102

LOUIS-DANIEL RISLER, fils de JÉRÉMIE, Nº 76
✳ 15 mars 1798, † 2 oct. 1854

✕ 13 mars 1820

ANNE-CATHERINE MÜLLER, ✳ 14 juill. 1797, † 24 févr. 1873, à
Lisieux,
    fille de JEAN MÜLLER et de CATHERINE OBERZÜSER.

Enfants :

1. CATHERINE, ✳ 26 juin 1820, † 21 déc. 1858,
   ✕ 2 déc. 1841, I. JEAN-HENRI GROSHEINTZ, † 25 sept. 1854;
   ✕ 13 déc. 1859, II. FRÉDÉRIC GROSRENAUD.

2. ADÈLE, ⎱ ✳ 22 janv. 1822 ⎰ † 8 mai 1822.
3. LOUISE, ⎰   ⎱ † 24 juin 1822.

4. ROSINE, ✳ 21 mai 1823, † 29 nov. 1834.

5. MARGUERITE-EMILIE, ✳ 21 mai 1824, † 5 sept. 1824.

6. DANIEL-VICTOR, ✳ 16 juin 1825, † 12 juin 1826.

7. SOPHIE, ✳ 9 août 1826, † à Masevaux.
   ✕ 8 juillet 1851, ALPHONSE-LOUIS LACOSTE, à Lisieux.

8. VICTOR-DANIEL, Nº 130, ✳ 16 janv. 1828, à Munster, † 1er mai 1904,
   à Lisieux (Calvados),
   ✕ 10 mars 1857, à Lisieux, MODESTE-AGLAÉ GUÉRINE.

9. EDOUARD, ✳ 4 mai 1829, † 22 sept. 1829.

10. EMILE, ✳ 22 mars 1831.

11. ELISABETH, ✳ 10 nov. 1833, † 11 févr. 1898, à Lisieux,
    ✕ 20 janv. 1852, GUILLAUME-LÉOPOLD MARIOLLE, à Lisieux.

12. ROSALIE, ✳ 18 nov. 1836, † 22 nov. 1836.

Notes. — LOUIS-DANIEL RISLER (Nº 102), fut contremaître de filature de cotons, à
Masevaux 1826, à Munster 1828, à Mulhouse 1833, à Graville-Sainte-Honorine, près Le Havre,
en 1850, à Lisieux avant 1854.

Nº 103

JÉRÉMIE RISLER, fils de JÉRÉMIE, Nº 76
* 5 févr. 1807, † 8 déc. 1869

✕ 20 oct. 1836

ANNE-CATHERINE NANSÉ, * 10 déc. 1806, à Altkirch, † 26 mai 1874, fille de . . . .

Enfants :

1. MARIE, } * 7 mai 1837, { mort-née.
2. MARIE-EMILIE, } { † 19 mars 1838.

3. JÉRÉMIE-EUGÈNE [1], * le 7 juin 1839, † 27 mars 1871, à l'hôpital Sainte-Eugénie, à Saint-Genis-Laval (Rhône).

Notes. — JÉRÉMIE RISLER (Nº 103), fut molleteur, plus tard limonadier, au Café Français, à la porte Jeune.

[1] JÉRÉMIE-EUGÈNE RISLER fut lieutenant pendant la guerre de 1870-1871, à la 2e légion d'Alsace-Lorraine.

MATHIAS RISLER, fils de JÉRÉMIE, N° 76
* 11 déc. 1810, † 13 avril 1859

✕ 7 janv. 1836

ELISABETH FRITZ, * 11 mai 1819, à Sausheim, † 3 juin 1858,
fille de JOSEPH FRITZ et de MARIE-MADELEINE KITTLER.

Enfants :

1. ELISE, * 12 oct. 1836, † 7 mars 1841.

2. EMILIE, * 12 août 1838, † 28 août 1838.

3. LOUIS, * 22 août 1839, † 1er avril 1892.

4. ADOLPHE, N° 131, * 11 juin 1841, † 13 mars 1895,
   ✕ 6 juill. 1871, SOPHIE-CAROLINE STIEFEL.

5. ELISE, * 19 juill. 1843, † 6 avril 1878,
   ✕ 9 nov. 1872, JACQUES GASSMANN, professeur, † 14 févr. 1910, à
   Saint-Morand, près d'Altkirch.

6. AUGUSTE, N° 132, * 4 juill. 1845, † 8 mai 1908,
   ✕ 24 juin 1878, MARIE-SALOMÉ KEIFLIN.

7. CAMILLE, * 5 avril 1848, † ....

Notes. — MATHIAS RISLER (N° 104), fut boulanger, à Mulhouse.

JEAN RISLER, fils de JÉRÉMIE, Nᵒ 80
* 8 févr. 1802, † 9 févr. 1837

✕ 5 mai 1831

ELISABETH HERMANN, veuve d'Isaac Koechlin, * 10 févr. 1802,
† le 11 juill. 1842,
fille de Jean-Georges Hermann et d'Elisabeth Krauss.

Enfants :

1. Louise, * 2 nov. 1832, † 23 juin 1833.

2. Adèle, * 8 oct. 1834,
✕ 23 sept. 1854, Jacques-Frédéric Ochs.

Notes. — Jean Risler (Nᵒ 105), fut boulanger, à Mulhouse.

Nᵒ 106

JEAN-HENRI RISLER, fils de JEAN-HENRI, Nᵒ 81
* 30 janv. 1829, † 2 juill. 1894, à Barcelone

✕ 30 juin 1850, à Thann

JOSÉPHINE BEUNAT, * 16 févr. 1826, à Riom, † 11 déc. 1880, à
Barcelone,
fille de Pierre-Marie-Joseph Beunat et d'Anne Grosse.

Enfants :

1. Anne-Marie-Henriette Velléda, * 19 juill. 1853, † 4 sept. 1890,
✕ 3 juin 1876, à Barcelone, Robert Weber.

Notes. — Jean-Henri Risler (Nᵒ 106), fut chimiste, à Barcelone (Espagne).

JULES RISLER, fils de JEAN-HENRI, N° 81
* 11 juill. 1832, † ....

✕ ....

SOPHIE CRON, * 9 juill. 1843, à Bouxwiller (Haut-Rhin),
† 15 janv. 1910, à Mulhouse,
fille de JACQUES CRON et de CATHERINE GREDER.

Enfants :

1. JULES[1], * 22 juin 1872.

2. LOUISE, * 18 févr. 1874, † 1er nov. 1889.

Notes. — JULES RISLER (N° 107), comptable, à Mulhouse.

[1] JULES RISLER fils, photographe, à Mulhouse.

DANIEL RISLER, fils de DANIEL, N° 83
* 14 oct. 1798, † 31 oct. 1875, à Nîmes

× 7 janv. 1834, à Rochemaure (Ardèche)

MARIE-ROSE PRAD, * 18 déc. 1806, à Rochemaure (Ardèche),
† 8 oct. 1889,
fille d'ETIENNE PRAD et de MARIE-ROSE JEANLOUIS.

Enfants :

1. MARIE-ELISE, * 6 déc. 1834,
  × 1ᵉʳ mai 1861, à Nîmes, JOSEPH GAUDIN, géomètre, à Constantine.

2. DANIEL-LOUIS, N° 133, * 10 juill. 1837,
  × 6 avril 1872, EUDOXIE DEMAURIE, à Arras.

3. FLORENTINE-LOUISE, * 25 févr. 1839,
  × 7 août 1861, à Nîmes, ARTHUR-GASPARD BREPSANT.

Notes. — DANIEL RISLER (N° 108), fut gendarme, à Rochemaure (Ardèche), puis chef d'équipe aux chemins de fer du P. L. M , à Nîmes.

NICOLAS RISLER, fils de DANIEL, N° 83
∗ 16 déc. 1799, † 5 sept. 1882

✕ 19 oct. 1826

JUDITH GRUMLER, ∗ 18 juil. 1801, † 28 févr. 1881,
fille de HENRI GRUMLER et de URSULE SENGELIN.

Enfants :

1. NICOLAS, **N° 134**, ∗ 28 sept. 1827, † 26 avril 1899,
    ✕ 24 sept. 1859, HORTENSE-ADRIENNE-CATHERINE TOURNIER.

2. JUDITH, ∗ 18 oct. 1828, † 14 janv. 1892,
    ✕ 30 avril 1855, JONAS-ALBERT THIERRY, † 20 juil. 1898, à Epinal.

3. EMILIE, ∗ 8 janv. 1830, † . . . . ,
    ✕ 16 sept. 1848, FRÉDÉRIC REINHARDT, chevalier de la Légion d'hon-
    neur, † 13 avril 1906, à Orléans (Loiret).

4. LOUIS-PHILLIPPE, ∗ 22 juin 1831, † 20 août 1841.

Notes. — NICOLAS RISLER (N° 109), fut dessinateur de fabriques d'impressions sur
étoffes, à . . . . . .

LOUIS-EUGÈNE RISLER, fils de JEAN, N° 85

* 8 août 1816, à Reims, † 25 avril 1890, à Septeuil (Seine-et-Oise)

✕ 23 oct. 1856, à Septeuil (Seine-et-Oise)

THÉRÈSE-CLÉMENTINE LELOUP, * 8 fév. 1829 à Septeuil, † 27 septembre 1906 à Vernon (Eure),
fille de Jean-Pierre Leloup et d'Agathe-Euphrasie Ravenet.

Enfants :

1. Léon, N° 135, * 21 janv. 1858, à Pont-sur-Seine (Aube),
✕ 2 oct. 1896, à Paris, Henriette Robin.

2. Eugène, N° 136, * 30 juil. 1859, à Pont-sur-Seine (Aube).

Notes. — Louis-Eugène Risler (N° 110), fut receveur des Contributions en France.

CHARLES RISLER, fils de CHARLES, N° 86
* 30 août 1833, † 24 mars 1909, à Neufchâtel (Suisse)

× 14 août 1855

FANNY-ELISE-SOPHIE BIPPER, * 12 nov. 1837, à la Sarraz, canton de
Vaud (Suisse),
fille de FRANÇOIS BIPPER et de ROSINE BOURCARD.

Enfants :

1. JULES-EDOUARD, N° **137**, * 24 juin 1856, † 5 juin 1889,
    × 11 septembre 1888, HÉLÈNE ZETTER.

2. AUGUSTE-CHARLES, * 26 août 1858, † 29 mars 1881.

3. AUGUSTA-EUGÉNIE, * 26 oct. 1862,
    × 25 mai 1888, à Couvet (Suisse), LOUIS PETITPIERRE.

4. HENRI, N° **138**, * 20 mai 1864,
    × 27 sept. 1894, ROSE GEORG, à Bâle.

5. JEAN-JACQUES, N° **139**, * 14 avril 1875,
    × 30 sept. 1907, à Neufchâtel (Suisse), MADELEINE FALLET.

Notes. — M. CHARLES RISLER (N° 111), négociant, à Mulhouse.

N° 112

JEAN-HENRI RISLER, fils de HENRI, N° 87
* 25 mai 1808, † 5 nov. 1883

✕ 25 fév. 1836

MARTHE KIST, * 18 févr. 1809, † 6 avril 1909,
fille de PIERRE KIST et de MARTHE SCHOEN.

Enfants :

1. ALFRED-HENRI, **N° 140**, * 25 sept. 1838,
   ✕ 16 avril 1874, LUCIE-HENRIETTE SCHOEN.

2. CHARLES-AUGUSTE, **N° 141**, * 20 mars 1840, † 26 déc. 1903, à Rouen.
   ✕ 26 mai 1874, à Ouzouer-sur-Trézée (Loiret), LUCIE BOUFFÉ.

3. ALFRED-ERNEST[1], * 31 mai 1844.

Notes. — JEAN-HENRI RISLER (N° 112) fut orfèvre, à Mulhouse.

[1] M. ALFRED-ERNEST RISLER, ex-directeur de filature de cotons, auteur de la présente 2me édition des *Tableaux généalogiques de la famille Risler*.

N° 113

JEAN-ADOLPHE RISLER, fils de HENRI, N° 87
* 28 avril 1817, † 22 sept. 1874, à Croisset-les-Rouen

✕ 15 sept. 1846, à Paris

JEANNE-LÉONIDE CLAMAGERAN, * 8 juin 1825, † 4 juin 1892, à Rouen,
 fille de PIERRE-HIPPOLYTE CLAMAGERAN et de MARIE-AIMÉE-EMMANUELLE MONTÉGUT.

Enfants :

1. MARIE, * 18 oct. 1847,
 ✕ 18 oct. 1873, PIERRE-EMILIEN Paris, conseiller à la Cour d'appel de Bordeaux, † 24 nov. 1908, à Bordeaux.

2. MATHILDE, * 24 avril 1849, † 8 juin 1849.

3. JULES-ADOLPHE, * 23 nov. 1850, † 21 févr. 1875, à Déville-les-Rouen, à la Basse-Terre (Guadeloupe,) quartier-maître, à bord de l'Aviso « le Kersaint ».

4. GEORGES-HENRI, N° 142, * 6 juin 1853, à Déville-les-Rouen, ✕ 26 oct. 1876, à Déville-les-Rouen, ANNE HEILMANN.

5. HÉLÈNE, * 24 sept. 1854, † 17 sept. 1876, à Croisset-les-Rouen, ✕ 25 août 1875, à Croisset-les-Rouen, JULES-ANTOINE BELLICARD, * 18 avril 1843, † 27 oct. 1894, à Paris.

6. FERNAND, * 30 oct. 1860, à Croisset-les-Rouen, † 1er mars 1899, à Relizane (prov. d'Oran).

7. CHARLES-ADOLPHE, * 1er juin 1863, à Croisset-les-Rouen.

Notes. — JEAN-ADOLPHE RISLER, (N° 113), fut chimiste et fabricant d'impression sur étoffes, à Déville-les-Rouen.

JÉRÉMIE RISLER, fils de MATHIEU, N° 88
* 6 sept. 1811, † 8 mai 1884, à Fribourg (Bade)

✕ 8 nov. 1838, à Fribourg

PIRMINA PIHRR, * 6 oct. 1820, à Fribourg, † 15 août 1896, à Fribourg, fille de FRANÇOIS-XAVIER PIHRR et d'ALBERTINE LANG.

Enfants :

1. ERNEST, * 2 août 1839, † 27 janv. 1840.

2. WILHELMINE, * 11 sept. 1841,
   ✕ 25 juil. 1867, JULES VON ROTTECK D. M., † 12 Mai 1869.

3. EMILE-GODEFROY–HERMANN, **N° 143**, * 11 nov. 1858,
   ✕ 9 oct. 1882, CLARA OBKIRCHER.

Notes. — JÉRÉMIE RISLER (N° 114), fut manufacturier, à Fribourg (Bade).

MATHIEU RISLER, fils de MATHIEU, N° 88
* 9 juil. 1816, † 18 oct. 1870, à Condat (Puy-de-Dôme)

✕ 9 avril 1842

HENRIETTE RISLER, * 11 janv. 1823, † . . . . ,
fille de JÉRÉMIE RISLER (**N° 89**) et de HENRIETTE DOLLFUS.

Sans enfants.

Notes. — MATHIEU RISLER (N° 115), fut manufacturier, à Cernay.

Nº 116

GEORGES-ALPHONSE RISLER, fils de MATHIEU, Nº 88
✳ 28 juil. 1818

✕ 24 août 1846

LOUISE-JOSÉPHINE SCHMERBER, ✳ 11 juil. 1823, † 30 mars 1906,
fille de JEAN-GEORGES SCHMERBER et de CLIMÈNE BENNER.

Enfants :

1. MARIE-MATHILDE, 26 mai 1847,
   ✕ 3 août 1868, GEORGES WESTERCAMP, † 7 févr. 1907.

2. LAURA-EMMA, ✳ 30 sept. 1850,
   ✕ 26 mai 1874, JULES PREISS, † 19 mars 1904.

Notes. — M. GEORGES-ALPHONSE RISLER (Nº 116), manufacturier, maire de Cernay (Alsace) et chevalier de la Légion d'honneur.

Nº 117

AUGUSTE RISLER, fils de MATHIEU, Nº 88
* 28 août 1820, † 13 avril 1899

✕ 12 juil. 1855, à Cernay

I. THÉRÈSE dite FANNY SPINDLER, * 17 janv. 1826, à Hanovre,
† 1er janv. 1861, à Paris.
fille de CHARLES SPINDLER, auteur allemand, et de FRANÇOISE-
ROMANNE-VINCENTE SCHMITT.

✕ 20 janv. 1862

II. ELISABETH HERTWECK, * 4 juil. 1834, à Haueneberstein (Bade),
† 28 févr. 1905,
fille d'AUGUSTIN HERTWECK et de BARBE KÜHN.

I. Enfants :

1. ALPHONSE-CHARLES-MATHIEU, Nº **144**, * 5 janv. 1857,
✕ 29 oct. 1887, EUGÉNIE FRANCISCI.

II. Enfants :

2. MARGUERITE, * 16 déc. 1862, à Baden-Baden, † 7 déc. 1899,
✕ 3 sept. 1898, à Paris, GUSTAVE FRIEDERICH.

3. CHARLES-AUGUSTE, Nº **145**, * 5 avril 1864,
✕ 25 nov. 1899, à Montbéliard, LAURE PREISS.

4. LOUIS-AUGUSTE-MATHIEU, * 5 avril 1864, † 1er sept. 1864.

5. JEAN-JÉRÉMIE, Nº **146**, * 25 nov. 1865, † ....,
✕ 6 août 1904, à Rouffach, ALSA OSTERMEYER.

6. MATHIEU-AUGUSTE, Nº **147**, * 13 mai 1868,
✕ 16 mai 1896, à Rouffach, MARIE EHRET.

7. AMÉLIE-MARIE-ANNE, * 24 juin 1870,
✕ 18 nov. 1899, à Paris, ST-ELME FOLLEY.

8. EDOUARD-JOSEPH, Nº **148**, * 23 févr. 1873,
✕ 4 nov. 1903, à Paris, EMILIE SOALHAT-GIRETTE.

Notes. — AUGUSTE RISLER (Nº 118), fut artiste-peintre, à Paris.

N° 118

CAMILLE RISLER, fils de MATHIEU, N° 88
✳ 3 juin 1828

✕ 1ᵉʳ mai 1860, à Mulhouse

ANNE-MADELEINE CHALANDRE, ✳ 15 avril 1838, à Donzy (Nièvre),
fille d'ARMAND CHALANDRE et d'ELISABETH KULLMANN.

Enfants :

1. PAUL-MATHIEU, **N° 149**, ✳ 10 avril 1861.

2. JEANNE-JOSÉPHINE, ✳ 21 nov. 1862.

3. GEORGES-ALPHONSE, ✳ 26 sept. 1864, † 21 févr. 1902.

Notes. — M. CAMILLE RISLER (N° 118), manufacturier, ex-gérant de la maison Baudoin, Risler & Cⁱᵉ, de Luxeuil-les-Bains (Vosges).

N° 119

CHARLES-EUGÈNE RISLER, fils de JÉRÉMIE, N° 89

* 5 nov. 1828, † 6 août 1905, à Calève, près Nyons (Suisse)

✕ 16 juill. 1856, au Petit-Saconnez (canton de Genève).

EMMA-JEANNETTE PUERARI, * 8 mai 1836,
fille de FRÉDÉRIC PUERARI et d'ADÈLE-CAROLINE MIRABAUD.

Enfants :

1. HÉLÈNE-ADÈLE, * 20 nov. 1857,
✕ 8 mai 1883, JEAN-HENRI ZUBER.

2. EDMOND-EUGÈNE, **N° 150**, * 4 févr. 1859,
✕ 14 mai 1888, I. ALICE FAVRE, † 30 mars 1891;
✕ 23 janv. 1893, II. BLANCHE-CÉCILE-AMÉLIE ZUBER.

3. IDA, * 1er mars 1861,
✕ 31 mai 1888, JEAN COUSIN [1].

4. GUSTAVE-HENRI, **N° 151**, * 2 mars 1862,
✕ 1er juill. 1909, à Jarnac (Charente), ISABELLE-ADÈLE RANSON.

5. BERTHE-EUGÉNIE, * 15 sept. 1871,
✕ 20 avril 1892, JEAN ZUBER.

Notes. — CHARLES-EUGÈNE RISLER, fut directeur de l'Institut agronomique de France, à Paris, président de la Société nationale d'Agriculture, commandeur de la Légion d'honneur, du Mérite agricole et officier de l'Instruction publique.

[1] M. JEAN COUSIN est trésorier-payeur génénéral du Calvados; officier de la Légion d'honneur.

CHARLES-PHILIPPE RISLER, fils de JEAN-PHILIPPE, N° 90

* 21 juin 1809, † 30 nov. 1871, à Neunkirchen, près Sarrebruck

✕ 23 juin 1837, à Bliesranspach (arrondissement de Trèves)

ELISABETH BOUR, * 12 mars 1808, à Bliesranspach, † 11 juill. 1886, fille de NICOLAS BOUR et de BARBE KOHL.

Enfants :

1. SOPHIE, * 16 mars 1837, † 7 déc. 1863.
    ✕ 20 mars 1860, FRÉDÉRIC PAEGEL, à Lisdorf-Sarrelouis.

2. MARGUERITE, * 12 déc. 1838,
    ✕ 19 mai 1865, le même FRÉDÉRIC PAEGEL.

3. ELISABETH, * 21 janv. 1840,
    ✕ 7 mars 1861, PAUL STEMMLER, à Neunkirchen-Sarrebruck,
        † 23 mars 1865.

4. JULES, * 28 févr. 1843, † 13 mars 1844.

5. MARIE, * 27 oct. 1845, † 9 nov. 1904,
    ✕ 24 juin 1869, à Neunkirchen, RODOLPHE POTDEVIN, † 4 avril 1907.

Notes. — CHARLES-PHILIPPE RISLER (N° 120), fut forgeron-martineur, à Neunkirchen.

PHILIPPE RISLER, fils de JEAN-PHILIPPE, N° 90
* 1er nov. 1811, † 5 juil. 1884

✕ 27 juil. 1837

CATHERINE ELANGÉ, * 30 avril 1811, à Lauterbach (arrondissement
de Trèves), † 29 mai 1880,
fille de FRANÇOIS ELANGÉ et de BARBE FRONIER.

Enfants :

1. PAUL, **N° 152**, * 7 avril 1838, † 7 août 1882,
   ✕ 9 avril 1861, CATHERINE SCHULTZ.

2. PIERRE, * 20 mai 1841, † 8 août 1847.

3. LAURENT, **N° 153**, * 7 nov. 1843,
   ✕ 10 nov. 1869, MADELEINE SCHMITT.

4. ADOLPHE, **N° 154**, * 26 nov. 1846,
   ✕ 7 fév. 1873, I. CATHERINE RUPP ;
   ✕ 3 mai 1887, II. ANNE LONSDORFER.

Notes. — PHILIPPE RISLER, fut boulanger, à Lisdorf (Prusse rhénane).

CHARLES-NICOLAS RISLER, fils de PIERRE, Nº 91

* 8 oct. 1818, † 15 avril 1885

✕ 9 oct. 1861, à Rouen

EUGÉNIE-M.-C. STARCK, * 19 déc. 1838, à Rouen,
fille de CHARLES-THÉODORE STARCK et de MARIE-LOUISE
LESUEUR.

Enfants :

1. PAUL-CHARLES-EUGÈNE, * 15 janv. 1863, † 17 janv. 1863.

2. ALBERT-CHARLES-EUGÈNE, Nº 155, * 15 juil. 1864.

3. CHARLES-EUGÈNE, Nº 156, * 14 sept. 1869.

4. MAURICE-LOUIS, Nº 157, * 30 juil. 1872.

5. THÉOPHILE-CHARLES, Nº 158, * 24 mai 1876.

Notes. — CHARLES-NICOLAS RISLER (Nº 122), fut chimiste-coloriste, à Rouen.

CHARLES-NICOLAS RISLER, fils de NICOLAS, N° 92
* 17 juil. 1805, à Paris, † 3 mai 1849

╳ ....

ADÈLE FORTIER, * 13 févr. 1804, à Rouen, † 26 août 1875, à Silly-
le-Long (Oise),
veuve de FERDINAND TABURET et fille de FRANÇOIS-BENJAMIN
FORTIER et de MARIE-FRANÇOISE-THÉRÈSE MARC.

Enfants :

1. ADÈLE, * 29 févr. 1828, à Rouen, † 7 mars 1891, à Mulhouse,
╳ le 29 oct. 1857, à Mulhouse, JACQUES ORTH, pasteur.

Notes. — CHARLES-NICOLAS RISLER (N° 123), fut négociant, à Paris.

LOUIS RISLER, fils de JEAN-HENRI, Nº 93

* 15 mai 1817. † 1er déc. 1892, à Paris

✕ 11 avril 1852, à Altkirch (Haut-Rhin)

PAULINE-VICTOIRE THIERRY, * 30 juin 1826, † 19 juin 1898, à Paris,
fille de SAMUEL THIERRY et d'ANTOINETTE MEYER.

Enfants :

1. EMILIE-ADÈLE, * 17 mai 1853.

2. JEAN-HENRI, * 20 nov. 1854, † 11 avril 1855.

3. LOUISE, * 8 fév. 1856,

4. MARIE-ADÈLE, * 14 fév. 1857, † 26 nov. 1859.

5. PAUL-SAMUEL, Nº 159, * 11 déc. 1858,
   ✕ 22 janv. 1896, THÉRÈSE GARTNER.

6. ANDRÉ, Nº 160, * 25 mai 1863.
   ✕ 11 avril 1896, VALENTINE MAURET.

Notes. — LOUIS RISLER (Nº 124), fut artiste-dessinateur pour fabriques d'impressions sur étoffes, à Mulhouse, était connu comme violoncelliste distingué.

CHARLES RISLER, fils de ALEXANDRE, N° 96
* 6 avril 1819, † 3 sept. 1868, à Trouville (Calvados).

× 3 avril 1856

THÉRÈSE DURAND, * 24 oct. 1836, à Paris,
fille de RAIMOND DURAND et d'ADÈLE BARBIER.

Enfant :

1. ADRIEN-MAURICE, * 20 sept. 1858, à Ville-d'Avray,
 × 26 avril 1884, I. MARCELLE DE COETLOGON,
 × 29 août 1896, II. JEANNE-CÉCILE COUTURE.

Notes. — CHARLES RISLER (N° 125), fut agent de change, à Paris.

Nº 126

CHARLES-ERNEST RISLER, fils de CHARLES-JÉRÉMIE, Nº 97
✶ 3 avril 1821, † 2 mai 1891

✕ ....

I. ELISABETH BRAUN, 13 janv. 1833, à Bacharach (Prusse rhénane),
† 17 mars 1867,
fille de ....

✕ 11 août 1868

II. ROSALIE-THÉRÈSE LACKERMANN, ✶ 27 juill. 1847, à Landau (Bavière).

I. Enfants :

1. CHARLES-AUGUSTE-THOMAS, Nº 161, ✶ 2 août 1854, † 11 nov. 1892.

2. CHARLES-GEORGES, Nº 162, ✶ 22 sept. 1859.

II. Sans Enfants.

Notes. — CHARLES-ERNEST RISLER (Nº 126), fut juge de paix et notaire public, à Schebogan (Wisconsin).

AUGUSTE RISLER, fils de Charles-Jérémie, N° 97
* 18 sept. 1823, † 16 nov. 1893.

✕ 21 juin 1854

JEANNE-WILHELMINE SOHMANN, * 31 mars 1833, † 18 mars 1903, fille de Charles Sohmann et de Marie vom Brück, de Burtscheid, près Aix-la-Chapelle.

Enfants :

1. Charles, N° 163, * 24 mars 1855,
   ✕ 3 mai 1884, Ida-Marie Seyffardt.

2. Marie-Catherine, * 28 mars 1856, † 8 févr. 1860.

3. Ernestine, * 7 août 1857,
   ✕ 21 juin 1878, Emile Dahl, † 11 mars 1908, à Calcutta.

4. Conrad-Auguste, * 21 oct. 1861.

Notes. — Auguste Risler (N° 127), fut manufacturier, à Créfeld.

N.º 128

CAMILLE RISLER, fils de JEAN, N.º 100

* 18 avril 1821, † 28 juin 1881

✕ 4 janv. 1848, à Thann

EUGÉNIE KESTNER, 11 avril 1828, à Thann, † 18 mars 1862, fille de CHARLES KESTNER et d'EUGÉNIE RIGAU.

Enfants :

1. CHARLES, **N.º 164**, * 30 nov. 1848,
   ✕ 20 juin 1877, MARIE-GENEVIÈVE LAURENT-PICHAT.

2. MATHILDE-EUGÉNIE, * 11 mai 1850,
   ✕ 23 oct. 1875, JULES FERRY, président du Conseil des ministres,
   * 5 avril 1834, † 17 mars 1893.

Notes. — CAMILLE RISLER (N.º 128), fut administrateur des délégué des « Fabriques de produits chimiques, Société anonyme, à Thann.

JEAN RISLER, fils de JEAN, N° 101
* 27 avril 1829, † 7 févr. 1864

✕ 29 oct. 1855

ADÈLE KOECHLIN, * 15 déc. 1833, † 6 mars 1903, à Paris,
fille de DANIEL KOECHLIN et MARIE-ANNE ZIEGLER.

Enfants :

1. JEAN, **N° 165**, * 18 juin 1856, † 22 févr. 1889, à Paris,
   ✕ 25 juin 1885, MADELEINE MONNIER.

2. PAUL, * 14 nov. 1857, † 5 déc. 1857.

3. MARIE-IDA, * 30 avril 1860, † 9 mai 1860.

Notes. — JEAN RISLER (N° 129), fut pharmacien et chimiste, à Mulhouse, était l'auteur d'un traité des analyses chimiques.

VICTOR-DANIEL RISLER, fils de LOUIS-DANIEL, N° 102
* 16 janv. 1828, à Munster (Haut-Rhin); † 1er mai 1904, à
à Lisieux (Calvados)

✕ 10 mars 1857, à Lisieux

MODESTE-AGLAÉ GUÉRINEL, * 16 sept. 1837, † 17 mai 1905,
fille de JEAN-PHILIPPE GUÉRINEL et de HENRIETTE CAVELIER.

Enfants :

1. VICTOR-ALEXANDRE-PAUL, * 23 mai 1858, † 30 avril 1858.

2. ALBERT-FERDINAND, * 26 oct. 1859, † ...... en Tunisie (campagne de).

3. CÉLESTINE-MODESTE, * 11 oct. 1860,
    ✕ 16 avril 1887, à Lisieux, PIERRE-POL MACÉ.

4. MARIE-JULIETTE-VICTORINE, * 3 oct. 1862, † 16 oct. 1862.

5. BLANCHE-EMILIE, * 25 déc. 1863.

6. ALPHONSINE-BLANCHE, * 13 août 1866.

7. ALFRED-THÉODORE, N° 166, * 1er févr. 1870.

8. VICTORINE-ALBERTINE, * 25 déc. 1874, † 30 sept. 1905, à Paris,
    ✕ 17 juil. 1893, EUGÈNE-ARSÈNE NORMAND; divorce prononcé le
    juil. 1897.

Notes. — VICTOR-DANIEL RISLER (N° 130), résidait à Lisieux (Calvados).

N° 131

ADOLPHE RISLER, fils de MATHIAS, N° 104

* 11 juill. 1841, † 13 mars 1895

× 6 juil. 1871

SOPHIE-CAROLINE STIEFEL, * 8 août 1847,
  fille de JACQUES STIEFEL et de MADELEINE-SOPHIE-CAROLINE
  WEISS.

Enfants :

1. ALBERT-ADOLPHE, * 13 avril 1872,
    × 5 juill. 1900, CARA ROEDER, † 29 janv. 1904, à Charlottenburg-Berlin.
2. EMMA-MARGUERITE, * 19 sept. 1874,
    × 16 avril 1895, CARLOS BAUMERT, de Mulhouse.

Notes. — ADOLPHE RISLER (N° 131), négociant, fut adjoint au maire de la ville de Mulhouse, 1886.

———

N° 132

AUGUSTE RISLER, fils de MATHIAS, N° 104

* 4 juill. 1845, † 8 mai 1908

× 24 juin 1878

MARIE-SALOMÉ KEIFLIN, * 7 mai 1850, à Bartenheim,
  fille de JEAN-CLAUDE KEIFLIN et d'ANNE-MARIE SCHULTZ.

Enfants :

1. MARIE-MATHILDE, × 10 avril 1879.
2. AUGUSTE-MATHIAS, * 27 juin 1880, † 14 mai 1881.
3. ANNA-ELISE-JOSÉPHINE, * 9 juill. 1882.

Notes. — AUGUSTE RISLER (N° 132), mécanicien, conducteur de locomotive, à Mulhouse.

N° 133

DANIEL-LOUIS-BENJAMIN RISLER, fils de DANIEL, N° 108

* 10 juil. 1837

✕ 6 avril 1872

EUDOXIE DEMAURY, * 24 mai 1846, à Arras,
fille de LOUIS DEMAURY et d'AIMÉE DUQUESNOY.

Enfants :

1. DANIEL, * 15 mars 1873, † 6 oct. 1874.

2. LOUISE, * 17 févr. 1874,
   ✕ 3 déc. 1895, à Bruay (Pas-de-Calais), FRANÇOIS STOUDEUR.

3. JEANNE, * 20 sept. 1876,
   ✕ 1er sept. 1898, à Lille, CAMILLE DEFIVES.

4. MAURICE, * 30 nov. 1879, † 6 janv. 1880.

5. ROBERT, N° 167, * 25 mai 1882,
   ✕ 25 mars 1908, à Tizi-Ouzou (prov. d'Alger), EMILIE DURRIEU.

6. LÉON, N° 168, * 29 janv. 1883.

7. HENRIETTE, * 1er sept. 1885.

8. ROSE, * 5 janv. 1888.

9. BLANCHE, * 22 sept. 1889.

10. GEORGES, N° 169, * 24 juin 1892.

Notes. ⇁ DANIEL-LOUIS-BENJAMIN RISLER (N° 133), brigadier de gendarmerie à Auchel et à Bruay (Pas-de-Calais).

———

— 129 —

9

N° 134

NICOLAS RISLER, fils de NICOLAS, N° 109
* 28 sept. 1827, † 26 avril 1899

X 24 sept. 1859

HORTENSE-ADRIENNE-CATHERINE TOURNIER, * 12 févr. 1837,
† 8 août 1891,
fille de JEAN-ULRIC TOURNIER et de BASILICA-JULIENNE
DUPRÉ.

Enfants :

1. ADRIEN, * 25 nov. 1860.

2. VALÉRIE-BASILICA-VALENTINE, * 16 août 1863,
X 4 juil. 1882, MAURICE FURT.

3. RENÉ-OLIVIER, * 18 avril 1866.

Notes. — NICOLAS RISLER (N° 134), fut achitecte, à Mulhouse ; après 1870, à Epinal.

N° 135

LÉON RISLER, fils de LOUIS-EUGÈNE, N° 110
* 21 janv. 1858, à Pont-sur-Seine (Aube)

✕ 2 oct. 1896, à Paris

HENRIETTE ROBIN, * 13 juin 1868, à Paris,
fille de HENRI ROBIN et d'ELISABETH SCHLOSSER.

Enfant :

1. RAYMOND, N° 170, * 16 mars 1898, à Paris.

Notes. — LÉON RISLER (N° 135), chef de bureau à la mairie de Vaugirard, à Paris.

———

N° 136

EUGÈNE RISLER, fils de LOUIS-EUGÈNE, N° 110
* 30 juill. 1859, à Pont-sur-Seine (Aube)

Notes. — EUGÈNE RISLER (N° 136), principal clerc de notaire, à Vernon (Eure).

N° 137

JULES-EDOUARD RISLER, fils de CHARLES, N° 111
* 24 juin 1856, † 5 juin 1889

✕ 11 sept. 1888

HÉLÈNE ZETTER, * 6 févr. 1864,
fille de JEAN-GEORGES ZETTER et de MARTHE–CÉCILE GRAF.

Enfant :

1. JULES-CHARLES, N° 171, * 24 juin 1889.

Notes. — JULES-EDOUARD RISLER (N° 137), fut ingénieur civil, à Mulhouse.

N° 138

HENRI RISLER, fils de CHARLES, N° 111
* 20 mai 1864

✕ 26 sept. 1894, à Bâle

ROSE-MARTHE-CHARLOTTE GEORG, * 10 déc. 1872, à Bâle,
fille de GUILLAUME-JEAN-PHILLIPPE GEORG et de SUZANNE-
LÉONIE-ERNESTINE BRUN.

Enfants :

1. SUZANNE, * 31 oct. 1897.
2. COLETTE, * 5 avril 1903.

Notes. — HENRI RISLER (N° 138), négociant, à Paris.

N° 139

JEAN-JACQUES RISLER, fils de CHARLES, N° 111

* 14 avril 1875

✕ 30 sept. 1907, à Neuchâtel (Suisse)

MADELEINE FALLET, * 27 févr. 1880, à Villiers, canton de Neuchâtel,
    fille d'ALEXANDRE-MARIE-ARTHUR FALLET et de LINA BURGER.

Enfant:

1. MARIE-LOUISE, * 30 juil. 1908, à La Chaux-de-Fonds (Suisse).

Notes. — JEAN-JACQUES RISLER (N° 139), négociant, à Bienne (Suisse).

N° 140

ALFRED-HENRI RISLER, fils de JEAN-HENRI, N° 112

* 25 sept. 1838

✕ 16 avril 1874

LUCIE-HENRIETTE SCHOEN, * 3 déc. 1846,
    fille de DANIEL SCHOEN et de HENRIETTE GRIMM.

Enfants :

1. ALFRED-HENRI, N° 172, * 12 août 1875.

2. NOÉMIE, 24 déc. 1877, à Kosmanos (Bohême),
    ✕ 21 avril 1900, PAUL BAUDOUIN, de Pons (Charente-Inférieure).

Notes. — ALFRED-HENRI RISLER (N° 140), chimiste-coloriste, actuellement à Neuilly
(Seine).

CHARLES-AUGUSTE RISLER, fils de JEAN-HENRI, N° 112
* 20 mars 1840, † 26 déc. 1903, à Rouen

× 26 mai 1874, à Ouzouer-sur-Trézé (Loiret)

MATHILDE-SOPHIE-LUCIE BOUFFÉ, * 1er mars 1852, à Mosne
(Indre-et-Loire),
fille de VINCENT-AMÉDÉE BOUFFÉ et de SOPHIE-HENRIETTE-
CÉCILE JAUGE.

Enfants :

1. PAUL-AUGUSTE-AMÉDÉE, N° **173**, * 16 oct. 1875, à Rouen,
× 10 nov. 1908, à Baume-les-Dames, ANNA ZIEGLER.

2. CÉCILE-LUCIE-SOPHIE, * 26 sept. 1876, à Rouen,
× 3 sept. 1901, à Rouen, EMILE LANG.

3. ALFRED-HENRI-THÉODORE, N° **174**, * 14 nov. 1877, à Rouen,
× 28 avril 1906, à Belfort, MARTHE GUTH.

4. MAURICE-EDOUARD-CHARLES, N° **175**, * 20 nov. 1880, à Rouen.

5. EUGÈNE-JEAN-FRANÇOIS, N° **176**, * 15 nov. 1882, à Rouen.

Notes. — CHARLES-AUGUSTE RISLER (N° 141), fut négociant en tissus de coton, à
Rouen.

N° 142

GEORGES-HENRI RISLER, fils de JEAN-ADOLPHE, N° 113
* 6 juin 1853

⨯ 26 oct. 1876

ANNA HEILMANN, * 15 oct. 1856, à Sens, près Barcelone (Catalogne),
fille de JEAN HEILMANN et d'ANNE BACOU.

Enfants :

1. JEANNE-MARIE-MARGUERITE, * 17 nov. 1877, † 21 févr. 1899,
   ⨯ 24 mai 1898, LOUIS LANGER.

2. ANDRÉ-GEORGES, N° 177, * 14 mai 1881,
   ⨯ 26 juin 1906, MARGUERITE LOUBERY.

3. PIERRE, N° 178, * 24 nov. 1891.

Notes. — GEORGES-HENRI RISLER (N° 142), industriel à Caudebec-en-Caux (Seine-
Inférieure), chevalier de la Légion d'honneur, actuellement à Paris.

— 135 —

EMILE-GODEFROY-HERMANN RISLER, fils de JÉRÉMIE, N° 114

* 11 nov. 1858

× 9 oct. 1882

CLARA OBKIRCHER, * 31 août 1861,
fille de HERMANN OBKIRCHER et d'ELISE WAENKER VON
DANKENSCHWEIL.

Enfants :

1. IRMA-WILHELMINE-ELISE, * 2 août 1883,
   × 3 oct. 1903, WILLI KILLIUS.

2. GABRIELLE-LAURE-SOPHIE, * 1er août 1886,
   × 9 oct. 1907, CHARLES ERNST.

3. ERICH-THÉODORE-EMILE, N° 179, * 10 déc. 1887.

4. MARGUERITE-HERMINE-HILDA-CLARA, * 5 nov. 1900.

5. HERMANN-EDOUARD-JÉRÉMIE, N° 180, * 11 juil. 1907.

Notes. — EMILE-GODEFROY-HERMANN RISLER (N° 143), manufacturier, à Fribourg
(Brisgau).

N° 144

ALPHONSE-CHARLES-MATH. RISLER, fils d'AUGUSTE, N° 117

* 5 janv. 1857

✕ 29 oct. 1887

EUGÉNIE FRANCISCI, * 11 avril 1863, à Ile Rousse (Corse),
fille de JOSEPH FRANCISCI et de MARIE-ANGÈLE-BENOITE-
ROSE NOVELLA.

Enfants :

1. FRANÇOISE-ANGÉLINE-ELISABETH-FANNY, * 17 sept. 1888, à Ile Rousse
(Corse).
2. AUGUSTE-JÉRÔME-RENÉ, N° 181, * 12 avril 1894, à Bessembourg (Algérie).

Notes. — ALPHONSE-CHARLES-MATHIEU RISLER (N° 144), ingénieur, en Algérie.

N° 145

CHARLES-AUGUSTE RISLER, fils d'AUGUSTE, N° 117

* 5 avril 1864

✕ 25 nov. 1899, à Montbéliard

LAURE PREISS, * 11 juin 1875, à Cernay,
fille de JULES PREISS et de LAURE-EMMA RISLER, du N° 116.

Enfants :

1. PHILIPPE, N° 182, * 4 janv. 1904, à Paris.
2. CHARLOTTE, * 14 juil. 1907, à Paris.

Notes. — CHARLES-AUGUSTE RISLER (N° 145), architecte, à Paris.

N° 146

JEAN-JÉRÉMIE RISLER, fils d'AUGUSTE, N° 117
* 25 nov. 1865

✕ 6 août 1904, à Rouffach

ALSA OSTERMEYER, * 30 sept. 1879,
 fille de XAVIER OSTERMEYER et de LÉONIE-CHATELAIN.

Enfant :

1. PIERRE, N° 183, * 25 nov. 1905, à Bruxelles.

2. ALSA-LÉONIE-ELISABETH, * 14 sept. 1908, à Bruxelles.

Notes. — JEAN-JÉRÉMIE RISLER (N° 146), professeur de harpe, au Conservatoire de Bruxelles.

N° 147

MATHIEU-AUGUSTE RISLER, fils d'AUGUSTE, N° 117
* 13 mai 1868

✕ 16 mai 1896, à Rouffach

MARIE EHRET, * 21 avril 1875,
 fille d'ADOLPHE EHRET et de MATHILDE FELTZ.

Enfants :

1. GEORGES-AUGUSTE, N° 184, * 16 août 1898.

2. MARGUERITE, * 15 juil. 1900.

Notes. — MATHIEU-AUGUSTE RISLER (N° 147), ingénieur, directeur de tissage, à Arches (Vosges).

Nº 148

EDOUARD-JOSEPH RISLER, fils d'AUGUSTE, Nº 117

* 23 févr. 1873, à Baden-Baden

✕ 4 nov. 1903, à Paris

EMILIE SOALHAT-GIRETTE, * 9 sept. 1876,
fille de MICHEL SOALHAT et d'ELISABETH BLAISOT.

Enfant :

1. ELISABETH, * 2 avril 1905.

Notes. — EDOUARD-JOSEPH RISLER (Nº 148), professeur de piano au Conservatoire de Paris.

Nº 149

PAUL-MATHIEU RISLER, fils de CAMILLE, Nº 118

* 10 avril 1861.

N° 150

EDMOND-EUGÈNE RISLER, fils de CHARLES-EUGÈNE, N° 119
* 4 févr. 1859

× 14 mai 1888

I. ALICE FAVRE, * 14 mai 1866, † 30 mars 1891,
fille de GUSTAVE FAVRE et de FANNY SCHWARTZ ;

× 23 janv. 1893

II. BLANCHE-CÉCILE-AMÉLIE ZUBER, * 21 sept. 1867,
fille de CHARLES-EUGÈNE-ZUBER et de CÉCILE-BLANCHE
HOFER.

I. Enfants :

1. MARCEL, **N° 185**, * 14 mai 1889.

2. JACQUES, **N° 186,**
3. GUSTAVE, **N° 187,** } * 26 juin 1890.

II. Enfants :

4. ODETTE-MARTHE, * 18 oct. 1895.

5. MARGUERITE-BLANCHE, * 17 juin 1898.

6. HÉLÈNE-EMMA, * 22 avril 1899.

7. CHARLES-EDMOND, **N° 188**, * 2 févr. 1901.

Notes. — EDMOND-EUGÈNE RISLER (N° 150), ingénieur, établissement Koechlin-Baumgartner, à Lœrrach (Bade).

Nº 151

GUSTAVE-HENRI RISLER, fils de CHARLES-EUGÈNE, Nº 119

* 2 mars 1862

✕ 1ᵉʳ juillet 1909, à Jarnac (Charente)

ISABELLE-ADÈLE RANSON, * 28 févr. 1874, à Jarnac,
fille d'EDOUARD RANSON et d'ELISABETH HINE.

Enfants :

Notes. — M. GUSTAVE-HENRI RISLER (Nº 151), est directeur de la Société des téléphones
à Bezons (Seine-et-Oise) ; chevalier de la Légion d'honneur.

Nº 152

PAUL RISLER, fils de PHILIPPE, Nº 121

* 7 avril 1838, † 7 août 1882

✕ 9 avril 1861

CATHERINE SCHULTZ, * 14 sept. 1838,
fille de JEAN SCHULTZ et d'ELISABETH BOULANGER.

Enfants :

1. PHILIPPE, Nº 189, * 9 févr. 1862,
  ✕ 12 mai 1891, BARBE SCHAEFER.

2. NICOLAS, Nº 190, * 26 oct. 1863,
  ✕ 23 oct. 1886, BARBE NICOLA.

3. CATHERINE, * 15 juin 1866,
  ✕ 12 mai 1884, JACQUES SCHAEFER, Metz.

4. GUILLAUME, * 20 janv. 1871, † 20 sept. 1871.

5. ADOLPHE, Nº 191, * 13 sept. 1873,
  ✕ 20 août 1897, MARIE JUNCK.

6. BARBE, * 19 sept. 1875.

Notes. — PAUL RISLER (Nº 152), fut boulanger, à Wallerfangen, près Sarrelouis.

N° 153

LAURENT RISLER, fils de PHILIPPE, N° 121
* 7 nov. 1843

× 10 nov. 1869

MADELEINE SCHMITT, * 26 oct. 1847,
fille de SIMON SCHMITT et de GERTRUDE ENGLER.

Enfants :

1. NICOLAS, **N° 192,** * 21 août 1870,
    × 11 sept. 1896, MARIE TREIB.

2. JEAN, **N° 193,** * 20 août 1875,
    × 22 févr. 1906, GERTRUDE SIEGFRIED.

3. LAURENT, **N° 194,** * 6 sept. 1878,
    × 5 sept. 1907, ELISABETH ALTMAYER.

4. MICHEL, **N° 195,** * 11 juil. 1881.

5. PIERRE, **N° 196,** * 7 août 1884.

6. ADOLPHE, **N° 197,** * 31 mai 1886.

Notes. — LAURENT RISLER (N° 153), menuisier à Lisdorf, près Sarrelouis.

N° 154

ADOLPHE RISLER, fils de PHILIPPE, N° 121
* 26 nov. 1846

✕ 7 févr. 1873

I. CATHERINE RUPP, * 11 avril 1851, à Neuforweiler, † 11 févr. 1887,
fille de NICOLAS RUPP et de SUZANNE TONNELIER;

✕ 3 mai 1887

II. ANNA LONSDORFER, * 28 janv. 1858, † 15 déc. 1908, à Lisdorf,
fille de JEAN-ADAM LONSDORFER et de CATHERINE KLEIN.

I. Enfants :

1. MARIE, * 18 nov. 1881,
   ✕ 25 août 1904, RICHARD GŒTNER.

2. CATHERINE, * 25 janv. 1887.

II. Enfants :

3. ADOLPHE, N° 198, * 5 avril 1888.

4. ANNA, 11 oct. 1889.

5. FRANÇOISE, * 20 déc. 1891.

6. LOUIS, N° 199, 3 mai 1893.

7. ALINE, * 7 avril 1895.

Notes. — ADOLPHE RISLER (N° 154), aubergiste, à Lisdorf, près Sarrelouis.

ALBERT-CHARL.-EUG. RISLER, fils de CHARLES-NICOLAS, N°122

* 15 juill. 1864

N° 156

CHARLES-EUGÈNE RISLER, fils de CHARLES-NICOLAS, N° 122

* 14 sept. 1869

N° 157

MAURICE-LOUIS RISLER, fils de CHARLES-NICOLAS, **N° 122**
* 30 juill. 1872, à Rouen

———

N° 158

THÉOPH.-CHARLES RISLER, fils de CHARLES-NICOLAS, **N° 122**
* 24 mai 1876, à Rouen

N° 159

PAUL-SAMUEL RISLER, fils de LOUIS, N° 124

* 11 déc. 1858

✕ 22 janv. 1896, au Havre

THÉRÈSE GARTNER, * 5 déc. 1868, à Benfeld,
  fille de Louis Gartner et de Thérèse-Constance Bischof.

Enfants :

1. Marie-Louise, * 4 avril 1898.
2. Suzanne, * 27 déc. 1899.
3. Elisabeth, * 20 nov. 1904.

Notes. — Paul-Samuel Risler (N° 159), négociant, à Barcelone.

N° 160

ANDRÉ RISLER, fils de LOUIS, N° 124

* 25 mai 1863

✕ 11 avril 1896

VALENTINE MAURET, * 16 juill. 1876, à Compiègne,
  fille de Jacques Mauret et de Léontine Joly.

Enfants :

1. Jacques, N° 200, * 5 févr. 1897.
2. Pierre, N° 201, * 17 janv. 1899.
3. Jean, N° 202, * 9 sept. 1901.
4. Jacqueline, * 18 oct. 1903.
5. Louis, N° 203, * 6 mars 1908.

Notes. — André Risler (N° 160), fabricant de bijouterie, à Paris, chevalier de la Légion d'honneur.

N° 161

CHARLES-AUGUSTE-THOMAS RISLER
fils de CHARLES-ERNEST, N° 126
* 2 août 1854, † 11 nov. 1892

× ....

N........ N........

Enfants :

Notes. — CHARLES-AUGUSTE-THOMAS RISLER (N° 161) réside à Chicago (Etats-Unis).

N° 162

CHARLES-GEORGES RISLER, fils de CHARLES-ERNEST, N° 126
* 22 sept. 1859

Notes. — CHARLES-GEORGES RISLER (N° 162) réside à Chicago (Etats-Unis).

CHARLES RISLER, fils d'AUGUSTE, N° 127

* 24 mars 1855

✕ 3 mai 1884

IDA-MARIE SEYFFARDT, * 9 sept. 1863, à Giessen,
fille de Henri Seyffardt et d'Emma-Alvina Küchler.

Enfants :

1. Walther, N° 204, * 28 févr. 1885.

2. Paula-Marie, * 27 juill. 1886.
   ✕ 29 sept. 1909, à Créfeld, Adolphe-Edouard Focke, * 26 juill.
   1880, à Brême.

3. Alfred-Günther, N° 205, * 10 févr. 1889.

4. Marthe-Louise, * 13 févr. 1891.

5. Bruno-Charles, N° 206, * 4 févr. 1892.

6. Jean-Henri-Otto, N° 207, 23 janv. 1894.

Notes. — Charles Risler (N° 163), ancien manufacturier, à Créfeld.

CHARLES RISLER, fils de CAMILLE, N° 128

* 30 nov. 1848

✕ 20 juin 1877, à Paris

MARIE-GENEVIÈVE LAURENT-PICHAT, * 2 août 1856,
fille de Léon Laurent-Pichat, sénateur, homme de lettres.

Enfants :

1. Eugénie-Rosine-Juliette-Geneviève, * 29 août 1880,
   30 avril 1902, Georges Claretie.

2. Camille-Léonie-Charlotte, * 4 mars 1882,
   ✕ 6 juin 1904, Albert Canet.

Notes. — Charles Risler (N° 164), maire du VIIme arrondissement de Paris, officier
de la Légion d'honneur.

N° 165

JEAN RISLER, fils de JEAN, N° 129
* 8 juin 1856, † 22 févr. 1889

✕ 25 juin 1885, à Saint-Quentin (Aisne)

MADELEINE MONNIER, * 18 juill. 1862,
    fille d'EDOUARD-GABRIEL MONNIER et d'ADÈLE-EUGÉNIE
    LEGRAND.

Enfant :

1. ELISABETH, * 19 avril 1886, à Paris,
    ✕ 27 févr. 1908, PAUL BARGETON, à Paris.

Notes. — JEAN RISLER (N° 165), ingénieur-chimiste à l'Institut agronomique, à Paris ;
il a été le continuateur du Recüeil généalogique, après son cousin JÉRÉMIE RISLER.

———

N° 166

ALFRED-THÉODORE RISLER, fils de VICTOR-DANIEL, N° 130
* 1er févr. 1870

N° 167

ROBERT RISLER, fils de DANIEL-LOUIS-BENJAMIN, **N° 133**
* 25 mai 1882

╳ 25 mars 1908, à Tizi-Ouzou (Algérie)

EMILIE DURRIEU, * 26 mars 1885,
fille de LÉON DURRIEU et d'ADÈLE BRANCHER.

Enfants :

Notes. — ROBERT RISLER (N° 167), sous-lieutenant au 16ᵐᵉ chasseurs à pied, à Lille.

N° 168

LÉON RISLER, fils de DANIEL-LOUIS-BENJAMIN, **N° 133**
* 29 févr. 1883

Notes. — LÉON RISLER (N° 168), élève à l'Ecole militaire, à Saint-Maixent.

N° 169

GEORGES RISLER, fils de DANIEL-LOUIS-BENJAMIN, **N° 133**
* 24 juin 1892

———

N° 170

RAYMOND RISLER, fils de LÉON, **N° 135**
* 16 mars 1898, à Paris

N° 171

JULES-CHARLES RISLER, fils de JULES-EDOUARD, N° 137
* 24 juin 1889

N° 172

ALFRED-HENRI RISLER, fils d'ALFRED-HENRI, N° 140
* 12 août 1875

Notes. — ALFRED-HENRI RISLER (N° 172), négociant, à Paris.

N° 173

PAUL-AUGUSTE-AMÉDÉE RISLER

fils de CHARLES-AUGUSTE, N° 141

* 16 oct. 1875, à Rouen

✕ 10 nov. 1908, à Baume-les-Dames (Doubs)

ANNA ZIEGLER, * 16 avril 1881, à Lyon,
    fille de JULES-HENRI ZIEGLER et d'EMMA-JEANNETTE-PAULINE
    SCHROTT.

Enfants :

Notes. — PAUL-AUGUSTE-AMÉDÉE RISLER (N° 173), négociant, à Rouen.

N° 174

ALFRED-HENRI-THÉODORE RISLER

fils de CHARLES-AUGUSTE, N° 141

* 14 nov. 1877

✕ 28 avril 1906, à Belfort (Haut-Rhin)

MARTHE GUTH, * 8 nov. 1886,
    fille d'EUGÈNE GUTH et de HÉLÈNE RACK.

Enfants :

1. JEAN-CLAUDE, * 13 mars 1907.
2. ANDRÉE, * 7 juill. 1908.

Notes. — ALFRED-HENRI-THÉODORE RISLER (N° 174), ingénieur des Arts-et-Métiers,
à Belfort.

N° 175

MAURICE-EDOUARD-CHARLES RISLER

fils de CHARLES-AUGUSTE, N° 141
* 20 nov. 1880, à Rouen

Notes. — MAURICE-EDOUARD-CHARLES RISLER (N° 175), négociant, à Rouen.

N° 176

EUGÈNE-JEAN-FRANÇOIS RISLER

fils de CHARLES-AUGUSTE, N° 141
* 15 nov. 1882, à Rouen

Notes. — EUGÈNE-JEAN-FRANÇOIS RISLER (N° 176), négociant, à Rouen.

N° 177

ANDRÉ-GEORGES RISLER, fils de GEORGES-HENRI, N° 142
* 14 mai 1881, à Caudebec (Seine-Inférieure)

✕ 26 juin 1906, à Paris

MARGUERITE LOUBERY, * 22 févr. 1886, à Levallois-Perret (Seine),
fille de C.-R. LOUBERY et de BLANCHE PORET.

Enfants :

1. MARCELLE, * 3 oct. 1907.

Notes. — ANDRÉ-GEORGES RISLER (N° 177), ancien élève de l'Ecole polytechnique, ingénieur à Paris.

———

N° 178

PIERRE RISLER, fils de GEORGES-HENRI, N° 142
* 24 nov. 1891, à Caudebec (Seine-Inférieure)

ERICH-THÉODORE-EMILE RISLER
fils d'EMILE-GODEFROY-HERMANN, N° 143
* 10 déc. 1887, à Fribourg (Bade)

N° 180

HERMANN-EDOUARD-JÉRÉMIE RISLER
fils d'EMILE-GODEFROY-HERMANN, N° 143
* 11 juill. 1907, à Fribourg (Bade)

N° 181

AUGUSTE-JÉROME RISLER

fils d'ALPHONSE-CHARLES-MATHIEU, **N° 144**
* 12 avril 1894

N° 182

PHILIPPE RISLER, fils de CHARLES-AUGUSTE, **N° 145**
* 4 janv. 1904

PIERRE RISLER, fils de JEAN-JÉRÉMIE, N° 146
* 25 nov. 1905, à Bruxelles

GEORGES-AUG. RISLER, fils de MATHIEU-AUGUSTE, N° 147
* 16 août 1898

N° 185

MARCEL RISLER, fils d'EDMOND-EUGÈNE, **N° 150**
* 14 mai 1889

———

N° 186

JACQUES RISLER, fils d'EDMOND-EUGÈNE, **N° 150**
* 26 juin 1890

N° 187

GUSTAVE RISLER, fils d'EDMOND-EUGÈNE, N° 150
* 26 juin 1890

N° 188

CHARLES-EDMOND RISLER, fils d'EDMOND-EUGÈNE, N° 150
* 2 févr. 1901

PHILIPPE RISLER, fils de PAUL, N° 152
* 9 févr. 1862

X 12 mai 1891

BARBE SCHAEFER, * 23 janv. 1871,
    fille de NICOLAS SCHAEFER et de CATHERINE WELSCH.

Enfants :

1. PIERRE, * 15 févr. 1892.

2. ELISABETH-CATHERINE, * 28 août 1894.

3. THÉODORE, * 9 nov. 1896, † 2 févr. 1897.

4. PHILIPPE-MATHIAS-JEAN, * 24 juillet 1897.

5. MARIE, * 28 mai 1903.

Notes. — PHILIPPE RISLER (N° 189), boulanger et hôtelier, à Wallerfangen, près Sarrelouis.

N° 190

NICOLAS RISLER, fils de PAUL, N° 152
* 26 oct. 1863

X 23 oct. 1886

BARBE NICOLA, * 1er janv. 1860,
    fille de MATHIAS NICOLA et de BARBE DEIMER.

Enfants :

1. CÉCILE, * 17 mars 1888.

2. ADOLPHE, * 16 févr. 1890, † 20 avril 1890.

3. ANNA, * 16 avril 1891.

4. LÉONIE, * 7 août 1897.

5. ELVIRE, * 13 août 1899, † 19 déc. 1899.

Notes. — NICOLAS RISLER (N° 190), négociant et aubergiste, à Wallerfangen, près Sarrelouis.

N° 191

ADOLPHE RISLER, fils de PAUL, N° 152
* 13 sept. 1873

✕ 20 août 1897

MARIE JUNG, * 30 nov. 1876, † 19 sept. 1901,
fille de Nicolas Jung et d'Elisabeth Reis.

Enfant :

1. Otto, * 14 avril 1898.

Notes. — ADOLPHE RISLER (N° 191), représentant de commerce, à Völklingen, près Sarrebruck.

N° 192

NICOLAS RISLER, fils de LAURENT, N° 153
* 21 août 1870

✕ 11 sept. 1896

MARIE TREIB, * 22 sept. 1870,
fille de Jean-Georges Treib et de Catherine Port.

Enfants :

1. Jean, * 18 nov. 1896.
2. Catherine, * 1er juin 1898.
3. Pierre, * 2 mai 1901.
4. Marguerite, * 25 nov. 1902.

Notes. — NICOLAS RISLER (N° 192), à Lisdorf, près Sarrelouis.

N° 193

JEAN RISLER, fils de LAURENT, N° 153
* 20 août 1875

✕ 22 févr. 1906

GERTRUDE SIEGFRIED, * 23 juill. 1875,
fille de JACQUES SIEGFRIED et d'ANNA SCHMITT.

Enfants :

1. JACQUES, * 29 avril 1908.

Notes. — JEAN RISLER (N° 193), à Lisdorf, près Sarrelouis.

N° 194

LAURENT RISLER, fils de LAURENT, N° 153
* 6 sept. 1878

✕ 5 sept. 1907

ELISABETH ALTMAYER, * 11 août 1885,
fille de JEAN-PIERRE ALTMAYER et d'ELISABETH HOFF.

Enfants :

1. ELISABETH, * 16 févr. 1908.

Notes. — LAURENT RISLER (N° 194), à Lisdorf, près Sarrelouis.

MICHEL RISLER, fils de LAURENT, N° 153
* 11 juill. 1881

N° 196

PIERRE RISLER, fils de LAURENT, N° 153
* 7 août 1884

ADOLPHE RISLER, fils de LAURENT, Nº 153
* 31 mai 1886

Nº 198

ADOLPHE RISLER, fils d'ADOLPHE, Nº 154
* 5 avril 1888

N° 199

LOUIS RISLER, fils d'ADOLPHE, **N° 154**
* 3 mai 1893

N° 200

JACQUES RISLER, fils d'ANDRÉ, **N° 160**
* 5 févr. 1897

N° 201

PIERRE RISLER, fils d'ANDRÉ, N° 160
* 17 janv. 1899

N° 202

JEAN RISLER, fils d'ANDRÉ, N° 160
* 9 sept. 1901

N° 203

LOUIS RISLER, fils d'ANDRÉ, N° 160
* 6 mars 1908

N° 204

WALTHER RISLER, fils de CHARLES, N° 163
* 28 févr. 1885

ALFRED-GÜNTHER RISLER, fils de CHARLES, **N° 163**
* 10 févr. 1889

———

N° 206

BRUNO-CHARLES RISLER, fils de CHARLES, **N° 163**
* 4 févr. 1892

JEAN-HENRI-OTTO RISLER, fils de CHARLES, N° 163

*** 23 janv. 1894**

ARBRE GÉNÉALOGIQUE

DE LA

FAMILLE ROSSEL = RISLER

(Porrentruy, Montbéliard, Mulhouse, etc.)

1500—1910

N. B. — Voir sur le *Tableau B*, le répertoire des noms correspondant aux numéros de cet arbre, et sur le *Tableau C*, le répertoire des noms de la descendance de Jean-Rodolphe Rossel, de Mulhouse, qui se fixa à Montbéliard, y reprit le nom de Rossel. Lui et ses descendants sont désignés par la suite des lettres depuis **A** jusqu'à **K**.

1 JEAN ROSSEL—JEANNE VERGIER

RÉPERTOIRE DES CHEFS DE FAMILLE

correspondant aux Numéros du Tableau A

Numéros

1	Jean Rossel	Jeanne Vergier.
2	Jean Rossel	Marguerite Schmidlin.
3	Nicolas Rossel	Marthe Belleney.
4	Henri surnommé Risler	I. Catherine Grosheintz.
		II. Ursule Finck.
5	Jean surnommé Risler	Elisabeth Kachler.
6	Mathias surnommé Risler	Elisabeth Scheltner.
7	Claude surnommé Risler	Elisabeth Ehrsam.
8	Henri Risler	Catherine Hartmann.
9	Jean	I. Barbe Hofmann.
		II. Elisabeth Wagner.
		III. Anne-Madeleine Solmuth.
10	Daniel	I. Anne Zürcher.
		II. Wibrand Engelmann.
11	Nicolas	I. Madeleine Arlenspach.
		II. Marie Cornetz.
12	Jérémie	I. Marguerite Cornetz.
		II. Elisabeth Hartmann.
13	Antoine	Anne Schmidt.
14	Henri	Catherine Witz.
15	Jean-Henri	Anne-Rosine Engelmann.
16	Jean	Elisabeth Weiss.
17	Nicolas	Salomé Schlumberger.
18	Rodolphe	I. Jeanne Huguenin.
		II. Ursule Weber.
		III. Elisabeth Schmidt.
19	Jean	I. Marguerite Florentz.
		II. Anne Stoltz.

20 Henri RISLER................ I. Anne-Rosine GOETZ.
                                II. Catherine ABT.
                                III. Elisabeth EHRLIN.
21 Daniel .... Elisabeth LIEBACH.
22 Daniel .... I. Anne HARTMANN.
                                II. Madeleine SCHOEN.
23 Pierre.................... Marthe RISLER, du **N° 12.**
24 Jérémie.................... I. Elisabeth REBER.
                                II. Anne-Catherine ABT.
25 Jérémie .... Anne-Marie SCHERB.
26 Jean-Henri................ Judith FRÜHE.
27 Jean-Henri................. Suzanne SCHMALZER.
28 Jean .... I. Rosine FÜRSTENBERGER.
                                II. Anna HUGUENIN.
29 Jean .... Ursule FÜRSTENBERGER.
30 Pierre................... Barbe HAESSLER.
31 Jérémie.................. Judith REBER.
32 Daniel .... Anne-Catherine CORNETZ.
33 Nicolas.................. Anne GOETZ.
34 Jérémie.................. Marie-Cléophée HOFER.
35 Jean-Georges .... I. Madeleine DOLLFUS.
                                II. Anne-Catherine LAEDERICH.
36 Jérémie.................. Anne BRAND.
37 Jean .... Anne-Marguerite KRIEGER.
38 Jean-Henri............... Anne-Catherine KOHLER.
39 Josué .... Barbe EBNETER.
40 Daniel .... Barbe SCHWARTZ.
41 Jean .... A.-M. LAUTERBURGER, f^lle de 9, **N°24.**
42 Jean-Henri............... Anne-Catherine RISLER, du **N° 32.**
43 Josué .... Elisabeth ENGELMANN.
44 Jean .... Judith HOFER.
45 Pierre................... Elisabeth HEILMANN.
46 Jacques.................. Judith KOECHLIN.
47 Jean-Georges .... I. Judith FEER.
                                II. Catherine HUGUENIN.
48 Jacques.................. Elisabeth RISLER, du **N° 28.**
49 Pierre................... I. Madeleine IM HOOF.
                                II. Elisabeth ENGELMANN.
50 Jérémie .... Sibylle ZUBER.
51 Nicolas................. Julienne KOECHLIN.
52 Jérémie................. I. Marie-Sarah RÜDIN.
                                II. Rosine MERKT.
53 Pierre................... Elisabeth HEILMANN.
54 Jean .... Anne-Marguerite MAYR.

55	Mathias Risler	I. Rosine Meyer.
		II. Anne-Madeleine Mayr.
56	Jean-Georges	I. Elisabeth Clemann.
		II. Anne-Catherine Zindel.
57	Jérémie	Anne-Marie Zürcher.
58	Pierre	Anne-Marie Laederich.
59	Jean-Henri	Elisabeth Hoffmann.
60	Jean	Elisabeth Hartmann.
61	Jean-Jacques	Anne-Barbe Hofer.
62	Josué	Françoise Schmalzer.
63	Jean	Crischone Brüstlein.
64	Jérémie	Catherine Mieg.
65	Josué	Marguerite Koechlin.
66	Jean	Marianne Engelmann.
67	Mathieu	Dorothée Weisbeck.
68	Pierre	Anne Bregenzer.
69	Jérémie	I. Françoise Dombré.
		II. Rosine Bregenzer.
70	Nicolas	Ursule Hofer.
71	Jean-Jérémie	I. Sophie-Jacqueline Hunziger.
		II. Charlotte-Elisabeth Sternberg.
72	Jean	Judith Huguenin.
73	Nicolas	Marthe Heilmann.
74	Jean	Chrischone Zürcher.
75	Daniel	Marie-Madeleine Frauger.
76	Jérémie	Marguerite-Emilie Lefèvre.
77	Jean-Henri	Marie-Madeleine Schmidt.
78	Jean-Michel	Elisabeth Christen.
79	Pierre	Elisabeth Junghän.
80	Jérémie	Marthe Glück.
81	Jean-Henri	Louise Bivert.
82	Frédéric	Marguerite Moeckel.
83	Daniel	Anne Sengelin.
84	Jean-Jacques	Rosine Sonntag.
85	Jean	Virginie-Lucile-Thérèse Petit.
86	Charles	Julie Koenig.
87	Henri	Elisabeth Fries, fille de 1, **N° 66.**
88	Mathieu	Judith Dollfus.
89	Jérémie	I. Henriette Dollfus.
		II. Lucie-Eugénie Dollfus.
90	Jean-Philippe	Barbe Dupréaux.
91	Pierre	Marie-Marguer. Risler, du **N° 74.**
92	Nicolas	Marie-Louise-Adélaïde Lespissier.
93	Jean-Henri	Marie-Rosine Fehlmann.

134	Nicolas RISLER..............	Hortense-Adrienne-Cath. TOURNIER
135	Léon....................	Henriette ROBIN.
136	Eugène.................	
137	Jules-Edouard	Hélène ZETTER.
138	Henri	Rose-Marthe-Charlotte GEORG.
139	Jean-Jacques..............	Madeleine FALLET.
140	Alfred-Henri	Lucie-Henriette SCHOEN.
141	Charles-Auguste	Mathilde-Sophie-Lucie BOUFFÉ.
142	Georges-Henri	Anna HEILMANN.
143	Emile-Godefroy-Hermann	Clara OBKIRCHER.
144	Alphonse-Charles-Mathieu	Eugénie FRANCISCI.
145	Charles-Auguste	Laure PREISS, fille de 2, **N° 116.**
146	Jean-Jérémie	Alsa OSTERMEYER.
147	Mathieu-Auguste............	Marie EHRET.
148	Edouard-Joseph	Emilie SOALHAT-GIRETTE.
149	Paul-Mathieu	
150	Edmond-Eugène	I. Alice FAVRE.
		II. Blanche-Cécile-Amélie ZUBER.
151	Gustave-Henri	Isabelle-Adèle RANSON.
152	Paul	Catherine SCHULTZ.
153	Laurent	Madeleine SCHMITT.
154	Adolphe..................	I. Catherine RUPP.
		II. Anna LONSDORFER.
155	Albert-Charles-Eugène	
156	Charles-Eugène	
157	Maurice-Louis	
158	Théophile-Charles...........	
159	Paul-Samuel	Thérèse GARTNER.
160	André...................	Valentine MAURET.
161	Charles-Auguste-Thomas	
162	Charles-Georges	
163	Charles..................	Ida-Marie SEYFFARDT.
164	Charles..................	Marie-Geneviève LAURENT-PICHAT.
165	Jean	Madeleine MONNIER.
166	Alfred-Théodore	
167	Robert	Emilie DURRIEU.
168	Léon....................	
169	Georges	
170	Raymond.................	
171	Jules-Charles	
172	Alfred-Henri	
173	Paul-Auguste-Amédée........	Anna ZIEGLER.
174	Alfred-Henri-Théodore.......	Marthe GUTH.
175	Maurice-Edouard-Charles.....	

RÉPERTOIRE DES CHEFS DE FAMILLE

de la

Descendance de Jean-Rodolphe Rossel, N° 2 du Tableau N° 7, de Montbéliard

(Voir TABLEAU A)

Lettres

A.	Jean-Rodolphe ROSSEL........	Jeanne REINHARDT.
B.	Jean-Georges	Marguerite PERDRIX.
C.	Jean-Georges	I. Elisabeth VURPILLOT.
		II. Marie-Anne LALANCE.
D.	David-Nicolas..............	Anne BINNINGER.
E.	Georges-David	Anne-Madeleine BEURNIER.
F.	Georges-Frédéric	I. Anne-Clémence GROPP.
		II. Marie-Frédérique SATTLER.
G.	Charles-François-Frédéric	Thérèse-Amélie-Frédérique LAINÉ.
H.	Charles-Frédéric	Camille-Emilie MARTY.
I.	Albert-Charles-François	Emma-Joséphine WETZEL.
J.	Frédéric-Emmanuel-Charles ...	Jeanne KOEHLER.
K.	Charles-François	Jeanne BRAUN.

CLASSEMENT PAR ORDRE CHRONOLOGIQUE DES NAISSANCES

ROSSEL ou RISLER	Date de naissance	Date de décès	Numéros du tableau de famille		Conjoints
Jean *Rossel*			I		Jeanne *Vergier*
Jean *Rossel*			I	I	Marguerite *Schmidlin*
Nicolas *Rossel*			I	2	Marthe *Belleney*
Marthe *Rossel*			I	3	François *Godin*
Gérard *Rossel*			I	4	Guillaumette *Boisson*
Jeanne *Rossel*........	20 févr. 1539		I	5	Nicolas *Schmidt*
Henri *Rossel*			I	6	I. Catherine *Grosheintz*
					II. Ursule *Finck*
Jean *Rossel*		1608	2	I	Elisabeth *Kachler*
Vérène *Rossel*		11 nov. 1632	2	2	I. Daniel *Grünäus*
					II. Jacques *Lind*
Jean-Philibert *Rossel*.	6 oct. 1574	avant 1633	2	3	Julienne *Hartmann*
Catherine *Rossel*			2	4	Louis *Loyel*
Henri *Rossel*			2	5	Adèle *Humbert*
Jérôme *Rossel*.......			3	I	
Claude *Rossel*			3	2	Elisabeth *Ehrsam*
François *Rossel*	27 juill. 1572		3	3	Catherine *Vurpillot*
Pierre *Rossel*	29 juin. 1574		3	4	I. Jacqueline *Windegger*
					II. Sabine *Vaugery*
Thomas *Rossel*	22 févr. 1575		3	5	Jeanne *de Vallay*
Marguerite *Rossel* ...	1575	1605	4	I	Gaspard *Franck*
Anna *Rossel*........	1576	1620	4	2	Walther *Götz*
Jean *Rossel*	15 juin. 1578		4	3	
Nicolas *Rossel*	2 mars 1579		2	6	Elisabeth *Jette*
Jérémie *Rossel*......	25 sept. 1579		4	4	
Mathias *Rossel*......	1580		2	7	Elisabeth *Scheltuer*
Jeanne *Rossel*	4 oct. 1580		3	6	I. Théodore *Jeannot*
					II. Charles *Lalance*

ROSSEL ou RISLER	Date de naissance	Date de décès	Numéros du tableau de famille		Conjoints
Mathias *Rossel*......	26 oct. 1580		4	5	
Catherine *Rossel*....	13 janv. 1583	29 sept. 1624	4	6	Gaspard *Dollfus*
Henri *Rossel*	10 août 1589	1643	4	7	Catherine *Hartmann*
Jean *Rossel*	26 juin 1597	29 oct. 1665	5	1	I. Barbe *Hofmann*
					II. Elisabeth *Wagner*
					III. Madeleine *Solmuth*
Jean *Rossel*	24 juin 1599		4	8	
Daniel *Rossel*.......	20 janv. 1600	2 mars 1660	5	2	I. Anna *Zurcher*
					II. Wibrand *Engelmann*
Marguerite *Rossel* ...	21 juill. 1604	8 nov. 1652	5	3	I. Jacques *Günther*
					II. Engelbert *Reber*
					III. Louis *Witz*
Jean-Rodolphe *Rossel*	25 févr. 1605	19 déc. 1664	7	2	Jeanne *Reinhardt*
Catherine *Risler*	31 mars 1605		6	1	Jean-Georges *Schoen*
Mathias *Risler*......	4 août 1607		6	2	
Nicolas *Rossel*	2 mars 1608	22 janv. 1639	5	4	I. Madeleine *Arlenspach*
					II. Marie *Cornetz*
Vérène *Rossel*	9 nov. 1608		7	1	
Jean-Henri *Risler* ...	12 nov. 1609		6	3	
Elisabeth *Rossel*.....	5 sept. 1611		7	3	
Marthe *Rossel*	21 mars 1613		7	4	I. André *Kachler*
					II. Jean-Michel *Frank*
Ursule *Risler*	29 mai 1614		8	1	
Anne *Rossel*........	14 mai 1615	27 févr. 1638	7	5	
Agnès *Risler*	21 mai 1615	1er sept. 1690	8	2	I. Henry *Wild*
					II. Jean-Henri *Baumgartner*
Jérémie *Risler*......	18 sept. 1616	17 oct. 1638	7	6	I. Marguerite *Cornetz*
					II. Elisabeth *Hartmann*
Ursule *Risler*.......	30 oct. 1616		8	3	I. Christophe *Werner*
					II. Nicolas-Frédéric *Löscher*
Vérène *Rossel*	17 janv. 1619	20 juill. 1626	7	7	
Catherine *Risler*	10 févr. 1619	19 mars 1684	8	4	Jérôme *Meyer*
Elisabeth	26 mai 1622		10	1	
Henri............	3 juin 1621		8	5	
Henri............	15 janv. 1623		8	6	
Anna	3 oct. 1624	7 déc. 1690	10	2	Jean-Georges *Hammer*
Antoine..........	13 oct. 1624	1674	8	7	Anna *Schmidt*
Jean............	16 mai 1628	1629	10	3	
Elisabeth	24 sept. 1629		11	1	
Henri............	6 déc. 1629	17 avril 1686	8	8	Catherine *Witz*
Jean *Risler*	3 janv. 1630	31 mars 1695	10	4	Elisabeth *Weiss*
Jean............	12 sept. 1630		11	2	

RISLER	Date de naissance	Date de décès	Numéros du tableau de famille		Conjoints
Elisabeth *Risler*	10 juill. 1631	4 déc. 1670	10	5	Jean-Jacques *Zuber*
Elisabeth	14 mars 1632		11	3	
Jean-Henri	9 sept. 1632	2 nov. 1655	9	1	Rosine *Engelmann*
Daniel	29 juill. 1635		9	2	
Philippe	30 sept. 1635		10	6	
Marguerite	11 sept. 1636		11	4	
Marie	15 juill. 1638		11	5	
Marthe	1er sept. 1639		11	6	
Rosine	3 mai 1640	24 déc. 1644	10	7	
Nicolas	28 mars 1641	13 mai 1710	12	1	Salomé *Schlumberger*
Marthe	21 mars 1643		12	2	
Elisabeth	16 août 1646	18 avril 1726	12	3	Godefroy *Engelmann*
Rodolphe	17 janv. 1649	5 nov. 1720	12	4	I. Jeanne *Huguenin*
					II. Ursule *Weber*
					III. Elise *Schmidt*
Anne-Sabine	25 mai 1651	19 janv. 1708	12	5	Henri *Feer*
Catherine	16 juill. 1651		13	1	
Marguerite	23 mars 1653		16	1	
Henri	6 nov. 1653	5 nov. 1721	13	2	Catherine *Edelmeyer*
Daniel	12 avril 1654	20 avril 1732	16	2	I. Anne *Hartmann*
					II. Madeleine *Schoen*
Marguerite	14 mai 1654	14 mars 1714	12	6	I. Jean-Ulrich *Schlumberger*
					II. Mathias *Abt*
Anne Madeleine	28 janv. 1655	25 déc. 1709	15	1	Philippe-Jacques *Zuber*
Pierre	13 juill. 1655	5 avril 1691	16	3	Marthe *Risler*
Jean-Henri	11 sept. 1655	18 févr. 1661	14	1	
Marthe	9 nov. 1656	2 août 1713	12	7	I. Pierre *Risler*
					II. Sébastien *Weitnauer*
Ursule	14 déc. 1656	1657	13	3	
Barbe	1er févr. 1657	12 avril 1682	16	4	Josué *Robert*
Jean	8 juill. 1657	1er août 1730	14	2	I. Marguerite *Florentz*
					II. Anne *Stolz*
Ursule	5 juin 1659		13	4	
Marguerite	4 sept. 1659		14	3	
Jérémie	4 mars 1660	11 mai 1682	12	8	
Agnès	23 sept. 1660	11 mai 1748	13	5	I. Jean *Zurcher*
					II. Mathias *Benner*
Jean	28 févr. 1661	22 févr. 1671	12	9	
Henri	27 oct. 1661		14	4	
Jean-Louis	23 sept. 1663		14	5	
Jérémie	25 oct. 1663	8 juill. 1713	17	1	I. Elisabeth *Reber*
					II. Anne-Catherine *Abt*

RISLER	Date de naissance	Date de décès	Numéros du tableau de famille		Conjoints
Barbe *Risler*	20 juill. 1664	3 sept. 1724	12	10	Philippe *Engelmann*
Catherine	1er févr. 1665	28 déc. 1738	14	6	I. Georges *Hüber*
					II. Jérémie *Feer*
Daniel	25 mars 1666	3 avril 1729	13	6	Suzanne-Elisabeth *X*...
Jean-Ulric	21 nov. 1666		17	2	
Henri	15 mai 1667	17 avril 1738	14	7	I. Rosine *Goetz*
					II. Anne-Catherine *Abt*
					III. Elisabeth *Ehrlen*
Nicolas	1er nov. 1668		17	3	
Julienne	14 juill. 1669		13	7	
Jean-François	4 juill. 1669		14	8	
Marguerite	24 déc. 1671		14	9	
Judith	3 nov. 1672	3 janv. 1729	18	1	I. Jean-Henri *Dollfus*
					II. Mathias *Haessler*
Catherine	21 déc. 1672		13	8	
Marguerite	17 sept. 1673		14	10	
Marguerite	27 sept. 1674	5 oct. 1712	18	2	Mathias *Hofer*
Anne-Catherine	29 oct. 1676	11 mars 1762	12	11	Jean-Henri *Reber*
Daniel	16 janv. 1677	6 oct. 1750	14	11	Elisabeth *Liebach*
Jérémie	1er juill. 1677	27 juill. 1713	18	3	Anne-Marie *Scherb*
Jean	9 juill. 1677	11 avril 1720	23	1	Ursule *Fürstenberger*
Elisabeth	23 févr. 1679		22	1	I. Frédéric *Kielmann*
					II. Jean-Georges *Heilmann*
Jérémie	11 mai 1679	8 sept. 1685	23	2	
Jean	9 nov. 1681	1er sept. 1755	22	2	I. Rosine *Fürstenberger*
					II. Anne *Huguenin*
Pierre	31 janv. 1681	6 mars 1724	23	3	Barbe *Haessler*
Elisabeth	15 avril 1683	2 mars 1686	23	4	
Jean-Michel	13 juin 1683	30 juin 1683	22	3	
Daniel	13 juin 1683	2 avril 1684	22	4	
Jérémie	7 déc. 1684	12 juin 1686	24	1	
Daniel	20 mai 1685	16 juill. 1686	22	5	
Nicolas	9 avril 1686	10 avril 1686	24	2	
Jérémie	22 août 1686	19 sept. 1763	23	5	Judith *Reber*
Un fils	11 janv. 1687	12 janv. 1687	24	3	
Salomé	11 janv. 1687	12 janv. 1687	24	4	
Philippe	5 avril 1687	10 sept. 1688	22	6	
Catherine	18 déc. 1687	21 nov. 1693	19	1	
Salomé	31 mars 1688	28 oct. 1762	24	5	Jean-Henri *Willy*
Marthe	26 déc. 1688	30 avril 1726	23	6	Martin *Wild*
Barbe	11 sept. 1689	4 mars 1764	22	7	I. Jean-Georges *Hartmann*
					II. Henri *Hartmann*
Jean-Henri	27 avril 1690	2 janv. 1744	19	2	Judith *Frühe*

RISLER	Date de naissance	Date de décès	Numéros du tableau de famille		Conjoints
Nicolas *Risler*	20 nov. 1690	29 sept. 1777	24	6	Anne *Goetz*
Daniel	1er févr. 1691	25 févr. 1695	19	3	
Daniel	27 mai 1691	14 févr. 1751	23	7	Anne-Catherine *Cornetz*
Daniel	3 nov. 1691	28 oct. 1692	22	8	
Jérémie	6 oct. 1693	18 sept. 1763	24	7	Marie-Cléophée *Hofer*
Jean-Philippe	30 mars 1694	12 juill. 1695	19	4	
Marguerite	19 janv. 1696	30 mars 1711	19	5	
Jean-Henri	5 sept. 1696	6 sept. 1696	24	8	
Josué	24 mars 1700	30 mars 1778	29	1	Elisabeth *Engelmann*
Judith	26 avril 1700	19 mai 1763	24	9	I. Jean-Ulric *Lautemburger*
					II. Jean-Jacques *Bledb*
Josué	13 août 1702	26 sept. 1774	28	1	Barbe *Ebneter*
Marie-Cléophée	24 mai 1703	16 nov. 1782	20	1	Jean-Ulric *Holzschuh*
Jean-Rodolphe	26 août 1703	2 nov. 1709	25	1	
Jean	17 févr. 1704	28 oct. 1775	29	2	Judith *Hofer*
Anne-Barbe	28 sept. 1704	20 janv. 1792	28	2	I. Jacques *Meyer*
					II. Nicolas *Heilmann*
Pierre	7 oct. 1704	12 juill. 1705	30	1	
Henri	25 juin 1705	29 juill. 1705	20	2	
Jean-Georges	18 oct. 1705	18 déc. 1741	30	2	I. Judith *Feer*
					II. Anne-Catherine *Huguenin*
Jean-Georges	29 nov. 1705	6 avril 1743	25	2	I. Madeleine *Dollfus*
					II. Anne-Catherine *Lauderüch*
Pierre	25 juill. 1706	8 mars 1761	29	3	Elisabeth *Heilmann*
Daniel	17 oct. 1706	18 juin 1787	28	3	Barbe *Schwartz*
Catherine	30 janv. 1707	22 mars 1781	20	3	Jean Georges *Schlumberger*
Jérémie	22 janv. 1708	15 avril 1750	25	3	Anne *Brand*
Jacques	1er janv. 1709	9 janv. 1760	31	1	Elisabeth *Risler*
Rosine	4 mars 1709	2 juin 1737	28	4	Valentin *Fries*
Marthe	30 mai 1709	25 mai 1781	30	3	Tobie *Guib*
Anne-Marie	19 juin 1710	23 déc. 1788	25	4	Martin *Sturm*
Jérémie	18 janv. 1711	30 mars 1711	31	2	
Jean	26 mars 1711	30 mars 1711	28	5	
Elisabeth	19 juill. 1712	10 févr. 1714	30	4	
Pierre	13 nov. 1712	26 févr. 1797	31	3	I. Madeleine *Imhof*
					II. Elisabeth *Engelmann*
Jean	19 déc. 1712	13 mars 1713	28	6	
Marthe	1er janv. 1713	22 août 1716	32	1	
Anne-Barbe	22 oct. 1713	24 avril 1714	26	1	
Elisabeth	4 mars 1714	25 mars 1798	28	7	Jacques *Risler*
Jean-Henri	23 avril 1714	24 avril 1714	20	4	
Jean	9 sept. 1714	26 sept. 1716	32	2	

RISLER	Date de naissance	Date de décès	Numéros du tableau de famille		Conjoints
Judith *Risler*	4 avril 1715	25 févr. 1786	33	1	Jean *Bregenzer*
Jean-Henri	25 juill. 1715	2 mars 1776	20	5	Suzanne *Schmalzer*
Jérémie	15 mars 1716	4 oct. 1716	31	4	
Frédéric..........	26 juill. 1716	19 avril 1782	32	3	I. Dorothée *Gessler*
					II. Esther *Hofmann*
Jean.............	13 sept. 1716	13 sept. 1800	28	8	Anne-Marguerite *Lautenburger*
Jean.............	7 mars 1717		26	2	Marguerite *Krieger*
Marie-Elisabeth.....	1er août 1717	4 avril 1718	34	1	
Jean-Henri	17 juill. 1718	13 oct. 1765	31	5	
Pierre............	18 août 1718	17 mai 1719	32	5	
Daniel	18 août 1718	17 mai 1719	32	4	
Nicolas	1er sept. 1718	9 mars 1787	33	2	Julienne *Koechlin*
Jacques	9 oct. 1718	27 avril 1719	28	9	
Jacques	1er déc. 1718	22 avril 1768	29	4	Judith *Koechlin*
Jean.............	2 févr. 1719	25 août 1723	34	2	
Catherine	9 août 1719	17 août 1719	21	1	
Henri............	10 août 1719	1719	26	3	
Jérémie	2 mai 1720	25 févr. 1768	32	6	Sibylle *Zuber*
Madeleine	28 juill. 1720	28 mai 1792	20	6	Jacques *Franck*
Judith	8 août 1720	25 juill. 1723	28	10	
Madeleine	22 sept. 1720	11 sept. 1723	21	2	
Jérémie..........	9 nov. 1720	23 août 1811	34	3	I. Marie-Sara *Rüdin*
					II. Rosine *Maerk*
Pierre...........	22 févr. 1722	13 mars 1755	34	4	Elisabeth *Heilmann*
Elisabeth.........	5 mars 1722	23 avril 1782	32	7	Lucas *Huguenin*
Anne	10 oct. 1722	12 oct. 1799	28	11	Paul *Schwartz*
Elisabeth.........	15 nov. 1722	25 juill. 1803	20	7	Jean-Henri *Mausbendel*
Jean.............	31 oct. 1723	17 avril 1727	34	5	
Josué	24 févr. 1724	28 août 1779	43	1	Marguerite *Koechlin*
Anne-Catherine	6 mars 1724	13 sept. 1777	32	8	Jean-Henri *Risler*
Jérémie	20 avril 1724	21 déc. 1724	31	6	
Catherine	3 sept. 1724	28 août 1727	21	3	
Jean-Henri	10 juin 1725	9 oct. 1797	43	2	I. Elisabeth *Hofer*
					II. Anne-Barbe *Meyer*
					III. Rosine *Zürcher*
Daniel	23 sept. 1725	18 févr. 1726	32	9	
Nicolas	1er janv. 1725	12 mai 1727	34	6	
Jean-Henri	25 sept. 1726	17 avril 1727	28	12	
Pierre	15 déc. 1726	4 févr. 1728	32	11	
Jean.............	15 déc. 1726	5 août 1727	32	10	
Jean.............	26 mai 1727	21 mai 1728	43	3	
Jean-Henri	28 sept. 1727	1785	28	13	Catherine *Risler*

RISLER	Date de naissance	Date de décès	Numéros du tableau de famille		Conjoints
Jean *Risler*...........	19 oct. 1727	20 févr. 1777	34	7	Anne-Marguerite *Mayr*
Rosine	20 janv. 1728	21 mai 1729	39	1	
Daniel	25 avril 1728	12 mai 1729	32	12	
Jean-Henri	29 août 1728	15 juill. 1733	47	1	
Jean-Henri	14 nov. 1728	26 juin 1782	35	1	Salomé *Martin*
Jean	26 mars 1729	27 déc. 1787	43	4	Marie-Anne *Engelmann*
Marguerite	26 mars 1729	26 mars 1730	21	4	
Salomé	15 mai 1729	9 janv. 1731	44	1	
Josué	18 déc. 1729	26 mars 1730	40	1	
Jean-Michel........	5 mars 1730	18 juin 1731	28	14	
Nicolas............	26 mars 1730	23 mars 1731	34	9	
Elisabeth	26 mars 1730	18 mars 1731	34	8	
Anne-Marie.........	24 sept. 1730	11 juill. 1731	36	1	
Catherine	5 nov. 1730	24 juill. 1731	21	5	
Josué	26 nov. 1730	18 juin 1731	44	2	
Jean-Georges	27 janv. 1731	6 oct. 1788	35	2	I. Elisabeth *Clemann* II. Anne-Catherine *Zündel*
Anne-Rosine........	30 janv. 1731	27 déc. 1806	39	2	
Anne-Marguerite ...	4 févr. 1731	19 mars 1765	40	2	J.-Jacques *Vetter*
Jacques	4 mars 1731	19 avril 1770	43	5	
Anne	25 nov. 1731	1er avril 1735	36	2	
Ursule	10 févr. 1732	6 nov. 1786	44	3	Frédéric *Reber*
Jérémie	11 janv. 1733	9 févr. 1785	35	3	Marie *Zürcher*
Elisabeth	24 mai 1733	12 juin 1736	45	1	
Anne-Barbe........	7 juin 1733	10 juill. 1803	40	3	
Pierre............	5 juill. 1733	15 juill. 1733	47	2	
Jérémie	27 sept. 1733	23 août 1759	36	3	
Jérémie	8 nov. 1733	16 mai 1736	43	6	
Elisabeth	24 janv. 1734	9 mars 1789	34	10	I. Jean *Dollfus* II. Charles-Jacques *Beyer*
Jean	11 févr. 1734	12 févr. 1734	39	3	
Jean-Georges	1 août 1734	2 sept. 1736	47	3	
Mathias	12 déc. 1734	21 juill. 1802	44	4	Dorothée *Weisbeck*
Ursule	29 mai 1735	27 oct. 1770	45	2	Jean *Eck*
Pierre............	20 nov. 1735	19 nov. 1736	47	4	
Anne-Catherine	15 janv. 1736	24 juill. 1767	35	4	Paul *Stoecklin*
Jean	19 févr. 1736	12 mars 1822	40	4	Elisabeth *Hartmann*
Anne	26 févr. 1736	4 juill. 1822	36	4	Jean *Weber*
Josué	1 juill. 1736	23 août 1736	39	4	
Jérémie	29 juill. 1736	30 déc. 1736	48	1	
Jean	23 déc. 1736	14 juin 1738	44	5	
Elisabeth	24 févr. 1737	1er déc. 1742	45	3	

RISLER	Date de naissance	Date de décès	Numéros du tableau de famille		Conjoints
Nicolas *Risler*	20 juin 1737	17 sept. 1742	34	11	
Marguerite	5 oct. 1737	7 oct. 1737	36	5	
Elisabeth	25 déc. 1737	24 févr. 1807	27	1	
Jean	12 janv. 1738	12 janv. 1738	48	2	
Anne-Catherine	26 janv. 1738	9 sept. 1739	47	5	
Jérémie	16 mars 1738	31 mars 1792	49	1	I. Françoise *Dombré*
					II. Rosine *Bregentzer*
Anne-Marguerite ...	23 mars 1738	9 sept. 1739	35	5	
Pierre............	19 oct. 1738	25 juin 1798	36	6	Anne-Marie *Laederich*
Josué	30 nov. 1738	6 avril 1739	45	4	
Mathias	1er mars 1739	13 déc. 1788	34	12	I. Rosine *Meyer*
					II. Madeleine *Mayr*
Jacques	22 mars 1739	1739	48	3	
Jean	10 mai 1739	3 avril 1741	41	1	
Anne-Catherine	13 août 1739	17 août 1774	27	2	Martin *Zuber*
Judith	20 déc. 1739	20 juin 1822	44	6	Pierre *Thierry*
Pierre............	4 juill. 1740	2 oct. 1820	45	5	Anne *Bregentzer*
Jean	23 oct. 1740	11 avril 1744	48	4	
Jean-Georges......	12 févr. 1741	17 mai 1741	47	6	
Rosine	22 janv. 1741	14 avril 1802	40	5	Jean-Jacques *Schoen*
Jean-Rodolphe	11 mai 1741	24 mars 1743	35	6	
Judith	14 mai 1741	26 juill. 1823	41	2	Jean-Gaspard *Weiss*
Jean-Rodolphe	30 juill. 1741	8 avril 1743	36	7	
Marie-Cléophée	21 janv. 1742	1er oct. 1742	34	13	
Jacques-Henri	4 févr. 1742		37	1	
Jean	10 mai 1742	2 janv. 1743	45	6	
Judith	13 mai 1742	3 févr. 1826	48	5	
Anne-Marguerite ...	18 nov. 1742	8 mai 1743	46	1	
Anne-Marguerite ...	25 nov. 1742	24 janv. 1792	41	3	Jean-Georges *Holzschuh*
Jean-Henri	10 févr. 1743		37	2	
Pierre............	4 août 1743	29 août 1743	49	2	
Jérémie	8 sept. 1743	20 janv. 1747	48	6	
Jean-Jacques	17 mai 1744	21 janv. 1814	41	4	Anne-Barbe *Hofer*
Jean	20 sept. 1744	30 juin 1747	36	8	
Anne	6 nov. 1744	22 nov. 1744	51	1	
Judith	17 janv. 1745		37	3	
Elisabeth	14 mars 1745	14 mars 1803	48	7	Jean *Dollfus*
Elisabeth	19 déc. 1745	14 sept. 1787	45	7	Jean-Georges *Thierry*
Josué	30 janv. 1746	28 nov. 1799	41	5	Françoise *Schmalzer*
Anne-Catherine	2 oct. 1746	27 janv. 1749	36	9	
Anne-Madeleine	27 nov. 1746	20 mars 1748	51	2	
Rosine	22 févr. 1747	2 juill. 1749	48	8	

RISLER	Date de naissance	Date de décès	Numéros du tableau de famille		Conjoints
Rosine *Risler*	24 août 1747	2 oct. 1827	41	6	Pierre *Heilmann*
Jean	27 août 1747	14 déc. 1813	53	1	Judith *Huguenin*
Josué	7 juill. 1748	10 juill. 1750	48	9	
Jean-Henri	10 nov. 1748	19 févr. 1750	36	10	
Godefroy	11 févr. 1749	16 sept. 1762	49	3	
Nicolas	17 juill. 1749	3 déc. 1751	53	2	
Jean	24 juill. 1749	28 mars 1805	41	7	Chrischone *Brüstlein*
Anne-Marguerite	7 août 1749	22 juin 1785	51	3	Jacques *Dollfus*
Anne-Marguerite	14 déc. 1749	30 oct. 1757	46	2	
Anne	18 déc. 1749	24 déc. 1750	48	10	
Judith	12 mai 1750	28 août 1750	49	4	
Jean-Henri	19 juill. 1750	4 avril 1825	27	3	Anne-Catherine *Kohler*
Anne	4 févr. 1751	7 oct. 1827	51	4	Pierre *Dollfus*
Anne-Catherine	1er mars 1751	11 juill. 1784	50	1	I. Jean-Henri *Weisbeck*
					II. Jean *Schoen*
Elisabeth	6 juill. 1751	5 déc. 1751	49	5	
Rosine	6 août 1751	10 avril 1814	48	11	
Anne-Catherine	19 sept. 1751	3 mai 1761	42	1	
Jérémie	2 déc. 1751	29 mars 1752	41	8	
Jérémie	12 déc. 1751	5 janv. 1753	53	3	
Jérémie	31 déc. 1752	14 mars 1754	53	4	
Jacques	21 janv. 1753		37	4	
Josué	19 mai 1753	1er mars 1815	65	1	Elisabeth *Hofer*
Jean	26 août 1753	1790	42	2	
Marie-Magdeleine	25 nov. 1753	21 avril 1838	48	12	Daniel *Hornung*
Nicolas	14 oct. 1753	10 août 1820	51	5	Ursule *Hofer*
Jérémie	3 févr. 1754	10 déc. 1810	41	9	Anne-Catherine *Mieg*
Nicolas	28 mai 1754	15 févr. 1799	53	5	Marthe *Heilmann*
Elisabeth	28 mai 1754	juin 1754	53	6	
Jean-Jérémie	13 juill. 1754	27 sept. 1822	52	1	I. Sophie-Jacqueline *Hunziger*
					II. Charlotte-Elisabeth *Sternberg*
Elisabeth	28 juill. 1754	17 mars 1758	65	2	
Jean	30 mars 1755	17 sept. 1755	48	13	
Elisabeth	22 mai 1755	12 janv. 1835	66	1	Emmanuel *Fries*
Hartmann	7 nov. 1755	18 juin 1758	51	6	
Hartmann	22 juill. 1756	11 mars 1757	65	3	
Elisabeth	24 oct. 1756	2 juill. 1819	56	1	I. Jean *Guldenberger*
					II. Jean *Reichart*
Jean-Jérémie	4 janv. 1757	24 mars 1757	54	1	
Jean-Philippe	13 mars 1757	30 janv. 1833	66	2	Barbe *Dupréaux*
Rosine	23 mars 1758	14 juin 1821	42	3	I. Jean *Steinbach*
					II. Paul *Persohn*

RISLER	Date de naissance	Date de décès	Numéros du tableau de famille		Conjoints
Marie-Mad^ne *Risler*..	18 avril 1758	1er mai 1814	54	2	Jean-Henri *Dollfus*
Anne-Catherine	18 mai 1758	9 mai 1759	56	2	
Hartmann	24 déc. 1758	8 nov. 1844	65	4	
Anne	27 août 1759	28 août 1759	42	4	
Jérémie	19 nov. 1759	22 nov. 1759	57	1	
Jean	11 janv. 1760	23 avril 1829	54	3	Chrischone *Zürcher*
Anne-Barbe........	7 févr. 1760	19 nov. 1825	56	3	Jean *Dietrich*
Anne-Marguerite ...	15 août 1760	20 janv. 1835	65	5	Jean-Georges *Dollfus*
Sibylle	25 sept. 1760	2 févr. 1803	50	2	Henri *Steffan*
Anne-Catherine	12 oct. 1760	25 juin 1763	57	2	
Judith	30 oct. 1760	27 déc. 1763	67		
M.-Madeleine	22 févr. 1761	28 févr. 1787	66	3	
Marie-Cléophée	24 févr. 1761	27 oct. 1807	54	4	Jean-Michel *Schlumberger*
Daniel	30 juin 1761	11 déc. 1763	41	10	
Anne-Marie........	16 août 1761	14 août 1840	58	1	Jean-Jacques *Mathis*
Anne-Marie........	8 nov. 1761	6 mai 1765	57	3	
Abraham..........	9 mai 1762	12 août 1777	54	5	
Daniel	6 juin 1762	13 sept. 1835	60	1	Anne *Sengelin*
Anne-Catherine	19 août 1762	17 déc. 1762	56	4	
Daniel	25 déc. 1762	1er sept. 1765	42	5	
Jérémie	14 mars 1763	20 juin 1765	57	4	
Jean-Michel........	12 mai 1763	24 juin 1790	58	2	Elisabeth *Christen*
Marie-Elisabeth.....	8 mars 1764	15 juin 1841	54	6	David *Koenig*
Anne-Barbe........	30 sept. 1764	28 oct. 1765	58	3	
Anne	14 oct. 1764	2 nov. 1765	57	5	
Marguerite........	27 nov. 1764	30 sept. 1842	60	2	Pierre *Baumgartner*
Anne	31 janv. 1765	22 janv. 1835	68	1	Nicolas *Blech*
Marie-Cléophée	7 mars 1765	1809	55	1	Frédéric *Moser*
Anne-Marguerite ...	27 juin 1765	8 juin 1820	54	7	Jean *Baumgartner*
Jean-Daniel........	11 févr. 1766	4 avril 1766	55	2	
Jérémie	23 févr. 1766	27 sept. 1839	57	6	Barbe *Dietrich*
Pierre............	19 oct. 1766	9 mars 1767	58	4	
Elisabeth	1er janv. 1767	13 janv. 1771	60	3	
Daniel	26 avril 1767	22 sept. 1768	55	3	
Jérémie	21 mai 1767	18 déc. 1767	54	8	
Jean	6 sept. 1767	15 juill. 1768	68	2	
Pierre	5 janv. 1768	1er mai 1814	58	5	Elisabeth *Junghaen*
Jean-Henri	21 mai 1768	14 janv. 1769	57	7	
Jérémie	12 juin 1768	22 sept. 1768	55	4	
Anne-Marie........	13 déc. 1768	7 mai 1866	54	9	Frédéric *Heilmann*
Pierre............	13 juin 1769	7 juin 1803	68	3	
Anne-Barbe........	28 sept. 1769	3 mars 1839	60	4	Abraham *Junghaen*

RISLER	Date de naissance	Date de décès	Numéros du tableau de famille		Conjoints
Jean-Jacques *Risler*..	15 oct. 1769	1er janv. 1776	58	6	
Jean-Henri	23 janv. 1770	16 juill. 1818	57	8	Marie-Madeleine *Schmidt*
Jérémie	6 mai 1770	18 nov. 1770	55	5	
Jérémie	24 juill. 1770	12 déc. 1770	54	10	
Antoine	8 janv. 1771	26 févr. 1771	60	5	
Jérémie	31 oct. 1771	21 févr. 1829	58	7	Marthe *Glück*
Elisabeth	31 oct. 1771	13 avril 1773	55	6	
Jean	22 mars 1772	8 août 1773	60	6	
Daniel	3 déc. 1772	28 mai 1838	55	7	Madeleine *Frauger*
Daniel	15 déc. 1772	22 févr. 1844	72	1	Frédérique *Reber*
Judith	15 déc. 1772	25 juin 1845	68	4	Alexander *Vogel*
Elisabeth	23 août 1774	27 mars 1775	60	7	
Elisabeth	30 oct. 1774	18 nov. 1774	69	1	
Jérémie	27 nov. 1774	21 févr. 1830	55	8	Marguerite-Emilie *Lefèvre*
Jean-Henri........	2 avril 1775	1er janv. 1829	38	1	Elisabeth *Hofmann*
Anne-Elisabeth	10 sept. 1775	5 mai 1831	61	1	
Climène..........	15 oct. 1775	7 juin 1852	72	2	I. Jean-Michel *Eck* II. Jean-Gaspard *Dollfus*
Elisabeth	14 déc. 1775	3 juin 1851	68	5	Jean *Hartmann*
Mathias	1er mars 1776	5 juin 1780	55	9	
Pierre	19 mai 1776	21 janv. 1858	69	2	Marie-Marguerite *Risler*
Anne-Catherine	5 nov. 1776	1er nov. 1813	38	2	Laurent *Weber*
Marie-Madeleine....	7 févr. 1777	juill. 1801	70	1	Bartholomé *Eusière*
Jean	15 avril 1777	27 juin 1777	55	10	
Rosine	28 juill. 1777	27 avril 1856	69	3	Henri *Schwartz*
Jean	29 août 1777	26 mars 1778	61	2	
Anne-Catherine	4 déc. 1777	18 mai 1851	60	8	Pierre *Boeringer*
Nicolas	18 mars 1778	26 janv. 1823	70	2	Adèle *Lespissier*
Chrischone	5 juill. 1778	26 juill. 1791	63	1	
Elisabeth	9 sept. 1878	10 oct. 1829	64	1	Rodolphe *Koechlin*
Abraham	15 sept. 1778	25 juill. 1781	55	11	
Jean	9 mars 1779	15 mai 1779	70	3	
Josué	21 mars 1779	16 déc. 1821	61	3	
Anne-Marguerite ...	5 nov. 1779	18 mai 1807	64	2	Mathias *Thierry*
Jean	20 nov. 1779	13 mai 1798	63	2	
Jérémie	17 févr. 1780	15 mars 1780	69	4	
Jean-Jacques.......	3 juin 1780	15 mai 1831	61	4	Rosine *Sonntag*
Ursule	27 août 1780	25 mai 1835	68	6	
Jean	4 avril 1781	5 août 1781	64	3	
Jean-Henri	13 juin 1781	27 nov. 1829	70	4	Rosine *Fehlmann*
Nicolas..........	14 août 1781	17 sept. 1782	73	1	
Jean	6 oct. 1781	9 mars 1856	72	3	Barbe *Heilmann*

RISLER	Date de naissance	Date de décès	Numéros du tableau de famille		Conjoints
Charles-Jérém. *Risler*	28 oct. 1781	9 août 1859	71	1	Catherine *von Beckenrath*
Jean	1 janv. 1782	20 févr. 1845	61	5	Lucile *Petit*
Marie-Marguerite	27 févr. 1782	19 janv. 1861	74	1	Pierre *Risler*
Jean-Jacques	13 mars 1782		62	1	
Mathieu	14 juill. 1782	8 juin 1871	64	4	Judith *Dollfus*
Climène	31 août 1782	14 nov. 1850	73	2	Frédéric *Gerber*
Jean	15 oct. 1782	8 août 1815	68	7	Salomé *Spoerlein*
Jean-Jacques	31 déc. 1782	14 sept. 1853	70	5	I. Victoire *Vuillier*
					II. Sophie *Koechlin*
Anne-Catherine	18 janv. 1783	9 avril 1783	56	5	
Henri	9 mai 1783	22 déc. 1847	63	3	Elisabeth *Fries*
Marie	14 juin 1783	25 juin 1783	74	2	
Marguerite	6 août 1783	1813	62	2	mariée à inconnu
Elisabeth	27 août 1783	28 août 1783	60	9	
Anne-Catherine	27 nov. 1783	19 août 1831	73	3	Jean-Georges *Schaeffer*
Anne-Catherine	4 févr. 1784	25 juin 1815	64	5	Jean-Michel *Spoerlein*
Julienne	17 févr. 1784	29 janv. 1848	70	6	Ambroise *Lachèvre*
Jean-Georges	14 juin 1784	14 nov. 1824	56	6	Anne-Marguerite *Clausenburger*
Marie	14 juill. 1784	20 sept. 1859	74	3	
Jean-Chrétien-Louis	27 juill. 1784	11 sept. 1861	71	2	I. Am.-Soph.-Concordia *Türstig*
					II. Julienne-Wilhelmine *Böse*
Anne-Marie	21 nov. 1784	17 févr. 1854	62	3	I. Nicolas *Willy*
					II. Jean-Jacques *Laederich*
Jérémie	30 mars 1785	24 sept. 1821	69	5	Hélène *von Glük*
Judith	1er mai 1785	3 févr. 1822	64	6	Sébastien *Spoerlein*
Ursule	11 juill. 1785	29 juin 1865	70	7	
Laurent	12 déc. 1785	6 févr. 1820	56	7	Marthe *Weiss*
Marguerite	21 janv. 1786	27 août 1786	61	6	
Jérémie	5 juill. 1786	3 nov. 1786	64	7	
Jean	25 juin 1786	3 févr. 1780	74	4	Anne-Marie *Grossmann*
Jean	16 août 1786	1er oct. 1802	62	4	
Jean-Michel	27 août 1786	20 févr. 1787	78	1	
Jean-André	10 nov. 1786	24 juill. 1843	70	8	Amaranthe *Lefèvre*
Anne-Barbe	22 mai 1787	3 mars 1839	61	7	Jean-Henri *Graf*
Anne-Marie	31 août 1787	17 déc. 1811	64	8	I. Jean *Zürcher*
					II. Godefroy *Heilmann*
Jean	9 déc. 1787	12 avril 1790	78	2	
Marie-Annette	28 févr. 1788	30 janv. 1809	70	9	
Nicolas	11 juin 1788	13 nov. 1790	73	4	
Jérémie	17 nov. 1788	8 juin 1846	64	9	I. Henriette *Dollfus*
					II. Lucie-Eugénie *Dollfus*
Nicolas	31 déc. 1788	11 juill. 1834	74	5	

RISLER	Date de naissance	Date de décès	Numéros du tableau de famille		Conjoints
Pierre *Risler*	16 févr. 1789	23 déc. 1789	78	3	
Louise	22 août 1789	29 août 1849	70	10	
Gertrude	2 déc. 1789	27 sept. 1837	61	8	
Chrischone	16 oct. 1790	24 mai 1871	74	6	Jean-Benjamin *Kuhlmann*
Justine-Soph.-Elisab.	27 janv. 1791	20 mai 1792	71	3	
Caroline	8 sept. 1791	15 juill. 1792	70	11	
Elisabeth	17 nov. 1791	10 mars 1872	79	1	Jean-Jacques *Dollfus*
Charles	21 janv. 1792	1er janv. 1866	61	9	Julie *Koenig*
Anne-Barbe.	18 mai 1792	1848	83	1	
Alexandre	1er nov. 1792	15 juill. 1864	70	12	Clémentine *Lefèvre*
Pierre	4 mai 1793	10 août 1794	79	2	
Jean	17 déc. 1793	5 oct. 1837	75	1	
Elisabeth	12 févr. 1794		83	2	Franz *Porzer*
Barras-Guillaume. . .	31 juill. 1794	24 oct. 1795	70	13	
Madeleine	28 avril 1795	12 août 1824	75	2	Théodore *Jahn*
Climène.	8 juill. 1795	15 févr. 1874	76	1	
Jean	24 juin 1796	1er juin 1797	83	3	
Pierre.	9 déc. 1796	26 juill. 1814	79	3	
Marguerite	3 avril 1797	13 oct. 1882	80	1	I. Henri *Specht*
					II. Daniel *Gilg*
Nicolas.	20 juin 1797	1er oct. 1799	83	4	
Daniel	30 août 1797	31 mai 1816	75	3	
Daniel	10 oct. 1797	13 juin 1873	99	1	
Caroline	11 janv. 1798	13 sept. 1869	70	14	Jean-Henri *Hofer*
Louis-Daniel	15 mars 1798	2 oct. 1854	76	2	Anne-Catherine *Müller*
A.-Marie-Georgette .	16 mars 1798	17 mars 1867	90	1	Jacques *Pauli*
Marthe.	11 sept. 1798	3 avril 1842	80	2	Charles *Roth*
Daniel	14 oct. 1798	31 oct. 1875	83	5	Marie-Rose *Prad*
Elisabeth	17 janv. 1799		73	5	Jean *Sorger*
Françoise-Victoire. . .	9 déc. 1799	15 oct. 1876	76	3	Jean *Gerspach*
Nicolas.	16 déc. 1799	5 sept. 1882	83	6	Judith *Grumler*
Catherine	18 févr. 1800	31 juill. 1877	59	1	Jean *Baumgartner*
Adelaïde-Ant.-Nina .	31 mai 1800	26 juill. 1874	92	1	
Anne-Marie	1er juin 1800	2 mars 1801	80	3	
Adèle.	18 nov. 1800	24 juill. 1826	99	2	Antoine-Michel *Paira*
Aline	16 avril 1801	14 juill. 1872	76	4	
Jean	16 mai 1801	29 sept. 1816	83	7	
Salomé.	2 juin 1801	17 mars 1841	79	4	Henri *Knatz*
Marguerite.	14 août 1801		59	2	I. Jean *Siegfried*
					II. Jean-Georges *Schlumberger*
Alphonse.	14 janv. 1802	15 févr. 1802	94	1	
Henri	21 janv. 1802	21 janv. 1807	77		

RISLER	Date de naissance	Date de décès	Numéros du tableau de famille		Conjoints
Jean *Risler*	8 févr. 1802	9 févr. 1837	80	4	Elisabeth *Hermann*
Albertine-Rosalie ...	11 févr. 1802	5 nov. 1883	91	1	
Anne-Madeleine	5 janv. 1803	24 janv. 1858	76	5	
Ferdinand	19 févr. 1803	21 mars 1866	83	8	Marie Françoise *Brenner*
Charles	8 mai 1803	24 févr. 1846	59	3	
Rosalie...........	29 sept. 1803	8 avril 1892	91	2	David *Koenig*
Pierre...........	1er mars 1804	28 août 1824	80	5	
Claudine-Jos.-Laure .	1re oct. 1804	26 août 1891	94	2	Nicolas *Gerber*
Jean-Henri	30 janv. 1805	18 mars 1844	59	4	Louise *Bivert*
Charles-Nicolas.....	17 juill. 1805	3 mai 1849	92	2	Adèle *Fortier*
Jérémie	20 août 1805	17 févr. 1880	91	3	
Henriette-Elisabeth .	2 avril 1806	14 mars 1859	87	1	Charles *Weber*
Marie-Anne........	10 juin 1806	31 oct. 1830	90	2	
Jean-Daniel	2 oct. 1806	10 mai 1871	100	1	
Jean-Pierre	15 nov. 1806	9 oct. 1882	91	4	
Jérémie	5 févr. 1807	8 déc. 1869	76	6	Anne-Catherine *Nansé*
Jean-Louis	20 mars 1808	26 août 1833	91	5	
Jean-Henri	25 mai 1808	5 nov. 1883	87	2	Marthe *Kist*
Catherine..........	7 sept. 1808	16 févr. 1811	75	4	
Charles-Philippe	21 juin 1809	30 nov. 1871	90	3	Elisabeth *Bour*
Anna	17 mai 1809	11 avril 1810	83	9	
Elisabeth	16 juill. 1809	24 févr. 1885	59	5	Frédéric *Baudinot*
Jean-Jacques	30 sept. 1810	23 févr. 1850	84	1	
Emile............	21 juill. 1810	1815	100	3	
Jules............	21 juill. 1810	1812	100	2	
Mathias	11 déc. 1810	13 avril 1859	76	7	Elisabeth *Fritz*
Emilie	9 mai 1811	4 nov. 1839	91	6	
Mathilde	24 mai 1811	13 mars 1885	99	3	Charles-Louis *Lantz*
Jérémie	6 sept. 1811	8 mai 1884	88	1	Mina *Pybrr*
Philippe..........	3 nov. 1811	5 juill. 1884	90	4	Catherine *Elangé*
Fanny-Marie.......	11 févr. 1812	12 févr. 1812	59	6	
Jacques	18 avril 1812	23 juin 1898	75	5	Elisabeth *Guillon*
Lucile............	26 août 1812	21 mai 1823	85	1	
Jean-Henri.........	1er nov. 1812	6 juin 1814	84	2	
Adélaïde	14 nov. 1812	29 juill. 1889	76	8	Christophe *Lindenberger*
Fanny-Marie.......	21 mars 1813	18 juill. 1841	59	7	Georges *Hitschler*
Marguerite.........	11 juill. 1813	22 juin 1815	88	2	
Hélène-Adolphine ..	9 août 1814	6 déc. 1891	92	3	
Marie-Amélie	15 août 1814	27 juin 1842	95	1	Charles-Pierre-Honoré *Salats*
Rosine	5 déc. 1814	2 déc. 1881	84	3	
Jean-Henri........	7 oct. 1814	26 août 1854	93	1	
Eugénie..........	8 déc. 1814	24 juill. 1898	85	2	Charles-Joseph-Ed. *Mielle*

RISLER	Date de naissance	Date de décès	Numéros du tableau de famille		Conjoints
Sophie *Risler*	17 janv. 1815	13 déc. 1892	91	7	
Sophie	13 févr. 1815	6 mars 1899	88	3	Théodore *Brylinsky*
Frédéric...........	6 avril 1815	20 nov. 1815	59	8	
Elisabeth	21 sept. 1815	24 avril 1899	90	5	I. Joseph *Spiess*
					II. Adolphe-Ferdinand *Opitz*
Clément^{ne}-Angélique	18 déc. 1815	7 janv. 1856	95	2	Charles-Pierre-Honoré *Salats*
Léonce............	23 juin 1816	2 juill. 1816	92	4	
Albert-Eugène......	26 juin 1816	28 nov. 1819	100	4	
Mathieu	9 juill. 1816	18 oct. 1870	88	4	Henriette *Risler*
Eugène............	8 août 1816	25 avril 1890	85	3	Thérèse-Clémentine *Leloup*
Frédéric..........	10 oct. 1816	26 sept. 1869	59	9	Marguerite *Moeckel*
Anne	19 nov. 1816	8 mai 1817	83	10	
Anne-Marguerite ...	11 déc. 1816	23 nov. 1859	84	4	
Anne-Sophie	4 mars 1817	9 févr. 1865	97	1	
Louis	15 mai 1817	1er déc. 1892	93	2	Pauline *Thierry*
Jean-Adolphe......	28 avril 1817	22 sept. 1874	87	3	Jeanne-Léonide *Clamageran*
Marie-Julie-Caroline.	31 oct. 1817	21 sept. 1883	91	8	Henri-Jacques-Emile *Zürcher*
Louis	26 janv. 1818	20 nov. 1837	76	9	
Georges-Alphonse ..	28 janv. 1818		88	5	Joséphine *Schmerber*
Jean-Henri	19 mars 1818	15 avril 1871	97	2	
Edouard...........	25 avril 1818	3 sept. 1818	59	10	
Charles-Nicolas.....	8 oct. 1818	15 avril 1885	91	9	Eugénie *Starck*
André	1er mars 1819	24 mai 1838	95	3	
Charles	6 avril 1819	3 sept. 1868	96	1	Thérèse *Durand*
Charlotte-Elisabeth..	14 juin 1819	13 juin 1888	97	3	
Catherine..........	26 juin 1820	21 déc. 1858	102	1	I. Jean-Henri *Grosheintz*
					II. Frédéric *Grosrenaud*
Auguste...........	28 août 1820	13 avril 1899	88	6	I. Th.-Fanny *Spindler*
					II. Elisabeth *Hertweck*
Juliette............	20 oct. 1820	12 févr. 1883	96	2	
Charles-Ernest	3 avril 1821	2 mai 1891	97	4	I. Elisabeth *Braun*
					II. Ros.-Thérèse *Lackermann*
Camille-Ferdinand..	26 avril 1821	28 juin 1881	100	5	Eugénie *Kestner*
Emile., ...	29 oct. 1821	16 mars 1904	88	7	
Adèle.............	22 janv. 1822	8 mai 1822	102	2	
Louise	22 janv. 1822	24 juin 1822	102	3	
Barbe.............	28 janv. 1822	30 janv. 1822	84	5	
Ernestine..........	30 avril 1822	10 sept. 1888	97	5	
Henriette..........	11 janv. 1823		89	1	Mathieu *Risler*
Rosine	21 mai 1823	29 nov. 1834	102	4	
Claire-Amélie	24 juin 1823	6 févr. 1904	98	1	Alexandre *Kölbing*
Auguste...........	18 sept. 1823	16 nov. 1893	97	6	Jeanne-Wilhelmine *Sohmann*

RISLER	Date de naissance	Date de décès	Numéros du tableau de famille		Conjoints
Marie *Risler*	24 sept. 1823	24 sept. 1823	101	1	
Fanny	28 mars 1824	12 avril 1904	88	8	
Marguerite-Emilie ..	21 mai 1824	5 sept. 1824	102	5	
Marie	28 oct. 1824	17 avril 1828	101	2	
Daniel-Victor	16 juin 1825	12 juin 1826	102	6	
Eugénie-Chrischone.	2 mars 1826	16 mars 1881	101	3	Henri *Baumgartner*
Sophie	9 août 1826		102	7	Louis *Lacoste*
Louise-Odile-Emma.	26 avril 1827	10 févr. 1866	98	2	
Nicolas..........	28 sept. 1827	26 avril 1899	109	1	Hortense-Adrienne *Tournier*
Victor-Daniel	16 janv. 1828	1er mai 1904	102	8	Modeste-Aglaë *Guérine*
Adèle..........	29 févr. 1828	7 mars 1891	123		Jacques *Orth*
Camille	3 juin 1828		88	9	Anne-Madeleine *Chalandre*
Louise	9 oct. 1828	19 mai 1854	86	1	
Judith..........	18 oct. 1828	14 janv. 1892	109	2	Jonas-Albert *Thierry*
Charles-Eugène.....	5 nov. 1828	6 août 1905	89	2	Eugénie-Jeanne *Puerari*
Jean-Henri.........	16 avril 1829	2 juill. 1894	81	1	Joséphine *Beunat*
Jean............	27 avril 1829	7 févr. 1864	101	4	Adèle *Koechlin*
Edouard..........	4 mai 1829	22 sept. 1829	102	9	
Jules-Camille	30 juin 1829	25 août 1893	96	3	
Emilie	8 janv. 1830		109	3	Frédéric *Reinhardt*
Eugénie	28 févr. 1830		88	10	Pierre *Juteau*
Sophie-Nathalie.....	14 août 1830		89	3	Jean-Henri *Mac-Mahon*
Emile	28 sept. 1830	12 août 1835	81	2	
Emile	22 mars 1831		102	10	
Louis-Philippe......	22 juin 1831	20 août 1841	109	4	
Jules............	11 juill. 1832		81	3	Sophie *Cron*
Louise	2 nov. 1832	23 juin 1833	105	1	
Charles	30 août 1833	24 avril 1909	86	2	Fanny-Sophie *Bipper*
Elisabeth	10 nov. 1833	11 févr. 1898	102	11	Guillaume-Léopold *Mariolle*
Camille	7 févr. 1834	3 sept. 1850	81	4	
Adèle	8 oct. 1834		105	2	Frédéric *Ochs*
Marie-Elise	6 déc. 1834		108	1	Joseph *Gaudin*
Emile............	21 sept. 1835	15 nov. 1835	81	5	
Elise............	12 oct. 1836	7 mars 1841	104	1	
Rosalie..........	18 nov. 1836	22 nov. 1836	102	12	
Marie-Emilie	7 mai 1837	19 mars 1838	103	2	
Marie	7 mai 1837	7 mai 1837	103	1	
Ida	1er juill. 1837	24 août 1905	89	4	James *Dupasquier*
Eugène	16 janv. 1837	11 mai 1887	81	6	
Sophie..........	16 mars 1837	7 déc. 1863	120	1	Frédéric *Paegel*
Daniel-Louis.......	10 juill. 1837		108	2	Eudoxie *Demaury*
Paul	7 avril 1838	7 août 1882	121	1	Catherine *Schultz*

RISLER	Date de naissance	Date de décès	Numéros du tableau de famille		Conjoints
Louise *Risler*	14 juin 1838	16 sept. 1838	81	7	
Emilie	12 août 1838	28 août 1838	104	2	
Alfred-Henri	25 sept. 1838		112	1	Lucie-Henriette *Schoen*
Marguerite	12 déc. 1838		120	2	Frédéric *Paegel*
Florentine-Louise . . .	25 févr. 1839		108	3	Arthur-Gaspard *Brepsant*
Jérémie-Eugène	7 juin 1839	27 mars 1871	103	2	
Ernest	2 août 1839	27 janv. 1840	114	1	
Eugénie	7 août 1839	21 avril 1843	81	8	
Louis	22 août 1839	1er avril 1892	104	3	
Elisabeth	21 janv. 1840		120	3	Paul *Stemmler*
Charles-Auguste	20 mars 1840	26 déc. 1903	112	2	Mathilde-Sophie-Lucie *Bouffé*
Pierre	20 mai 1841	8 août 1847	121	2	
Adolphe	11 juin 1841	13 mars 1895	104	4	Sophie-Caroline *Stiefel*
Wilhelmine	11 sept. 1841		114	2	Jules *von Rotteck*
Jules	28 févr. 1843	13 mars 1844	120	4	
Elise	19 juill. 1843	6 avril 1878	104	5	Jacques *Gassmann*
Laurent	7 nov. 1843		121	3	Madeleine *Schmitt*
Alfred-Ernest	31 mai 1844		112	3	
Frédéric	10 déc. 1844	24 avril 1851	82		
Auguste	4 juill. 1845	8 mai 1908	104	6	Marie-Salomé *Keiflin*
Marie	27 oct. 1845	9 nov. 1904	120	5	Rodolphe *Potdevin*
Adolphe	26 nov. 1846		121	4	I. Catherine *Rupp*
					II. Anne *Lonsdorfer*
Marie-Mathilde	26 mai 1847		116	1	Georges *Westercamp*
Marie	18 oct. 1847		113	1	Pierre-Neh.-Em. *Paris*
Camille	5 avril 1848		104	7	
Charles	30 nov. 1848		128	1	Marie-Geneviève *Laurent-Pichat*
Mathilde	24 avril 1849	8 juin 1849	113	2	
Mathilde-Eugénie . . .	11 mai 1850		128	2	Jules *Ferry*
Laure-Emma	30 sept. 1850		116	2	Jules *Preiss*
Jules-Adolphe	23 nov. 1850	21 févr. 1875	113	3	
Emilie-Adèle	17 mai 1853		124	1	
Georges-Henri	6 juin 1853		113	4	Anna *Heilmann*
A.-Marie-H.-Velleda .	19 juill. 1853	4 sept. 1890	106		Robert *Weber*
Ch.-Aug.-Thomas . .	2 août 1854	11 nov. 1892	126	1	
Hélène	24 sept. 1854	17 sept. 1876	113	5	Jules-Antoine *Bellicard*
Jean-Henri	20 nov. 1854	11 avril 1855	124	2	
Charles	24 mars 1855		127	1	Ida-Marie *Seyffardt*
Louise	8 févr. 1856		124	3	
Jean	18 juin 1856	22 févr. 1889	129	1	Madeleine *Monnier*
Marie-Catherine . . .	28 mars 1856	8 févr. 1860	127	2	
Jules-Edouard	24 juin 1856	5 juin 1889	111	1	Hélène *Zetter*

RISLER	Date de naissance	Date de décès	Numéros du tableau de famille		Conjoints
A.-Ch.-Mathieu *Risler*	5 janv. 1857		117	1	Eugénie *Francisci*
Marie-Adèle	14 févr. 1857	26 nov. 1859	124	4	
Ernestine..........	7 août 1857		127	3	Emile *Dahl*
Paul	14 nov. 1857	5 déc. 1857	129	2	
Hélène-Adèle.......	20 nov. 1857		119	1	Jean-Henri *Zuber*
Léon..............	21 janv. 1858		110	1	Henriette *Robin*
Victor-Alex.-Paul ...	23 mai 1858	30 avril 1858	130	1	
Auguste-Charles	26 août 1858	29 mars 1881	111	2	
Adrien-Maurice.....	20 sept. 1858		125		I. Marcelle *de Coëtlogon*
					II. Jeanne-Cécile *Couture*
Em.-God.-Hermann	11 nov. 1858		114	3	Clara *Obkircher*
Paul-Samuel	11 déc. 1858		124	5	Thérèse *Gartner*
Edmond-Eugène....	4 févr. 1859		119	2	I. Alice *Favre*
					II. Blanche-Cécile-Amélie *Zuber*
Eugène	30 juill. 1859		110	2	
Charles-Georges	22 sept. 1859		126	2	
Albert-Ferdinand....	26 oct. 1859	1881	130	2	
Marie-Ida.........	30 avril 1860	9 mai 1860	129	3	
Célestine-Modeste ..	11 oct. 1860		130	3	Pierre-Pol *Macé*
Fernand...........	30 oct. 1860	1er mars 1899	113	6	
Adrien	25 nov. 1860		134	1	
Ida	1er mars 1861		119	3	Jean *Cousin*
Paul-Mathieu.......	10 avril 1861		118	1	
Conrad-Auguste.....	21 oct. 1861		127	4	
Philippe...........	9 févr. 1862		152	1	Barbe *Schaefer*
Gustave-Henri	2 mars 1862		119	4	Isabelle-Adèle *Ranson*
Marie-Julie-Victorine	3 oct. 1862	16 oct. 1862	130	4	
Augusta-Eugénie ...	26 oct. 1862		111	3	Louis *Petitpierre*
Jeanne-Joséphine ...	21 nov. 1862		118	2	
Marguerite........	16 déc. 1862	7 déc. 1899	117	2	Gustave *Friedrich*
Paul-Charles-Eugène	15 janv. 1863	17 janv. 1863	122	1	
André............	25 mai 1863		124	6	Valentine *Mauret*
Charles-Adolphe....	1er juin 1863		113	7	
Valérie-Basilica-Val..	16 août 1863		134	2	Maurice *Furt*
Nicolas...........	26 oct. 1863		152	2	Barbe *Nicola*
Blanche-Emilie	25 déc. 1863		130	5	
Charles-Auguste....	5 avril 1864		117	3	Laure *Preiss*
Louis-Aug.-Mathieu.	5 avril 1864	1er sept. 1864	117	4	
Henri.............	20 mai 1864		111	4	Rose *Georg*
Albert-Ch.-Eugène..	15 juill. 1864		122	2	
Georges-Alphonse ..	26 sept. 1864	21 févr. 1902	118	3	
Jean-Jérémie.......	25 nov. 1865		117	5	Alsa *Ostermeyer*

RISLER	Date de naissance	Date de décès	Numéros du tableau de famille		Conjoints
Réné-Oliver *Risler*..	18 avril 1866		134	3	
Catherine...........	15 juin 1866		152	3	Jacques *Schaefer*
Alphonsine-Blanche .	13 août 1866		130	6	
Mathieu-Auguste....	13 mai 1868		117	6	Marie *Ehret*
Charles-Eugène.....	14 sept. 1869		122	3	
Alfred-Théodore....	1er févr. 1870		130	7	
Nicolas............	21 août 1870		153	1	Marie *Treib*
Amélie-Marie-Anna .	24 juin 1870		117	7	*Saint-Elme Folley*
Guillaume	20 janv. 1871	20 sept. 1871	152	4	
Berthe-Eugénie	15 sept. 1871		119	5	Jean *Zuber*
Albert–Adolphe	13 avril 1872		131	1	Cara *Roeder*
Jules..............	22 juin 1872		107	1	
Maurice-Louis	30 juill. 1872		122	4	
Edouard–Joseph	23 févr. 1873		117	8	Emilie *Soalhat-Girette*
Daniel	15 mars 1873	6 oct. 1874	133	1	
Adolphe...........	13 sept. 1873		152	5	Marie *Junck*
Louise	17 févr. 1874		133	2	François *Stoudeur*
Louise	18 févr. 1874	1er nov. 1889	107	2	
Emma-Marguerite...	19 sept. 1874		131	2	Carlos *Baumert*
Victorine-Albertine..	25 déc. 1874	30 sept. 1905	130	8	Eugène-Arsène *Normand*
Jean-Jacques	14 avril 1875		111	5	Madeleine *Fallet*
Alfred-Henri.......	12 août 1875		140	1	
Jean	20 août 1875		153	2	Gertrude *Siegfried*
Barbe............	19 sept. 1875		152	6	
Paul-Auguste-Amédé	16 oct. 1875		141	1	Anna *Ziegler*
Théophile-Charles ..	24 mai 1876		122	5	
Jeanne	20 sept. 1876		133	3	Camille *Defives*
Cécile-Lucie-Sophie .	26 sept. 1876		141	2	Emile *Lang*
Alfred-H.-Théodore.	14 nov. 1877		141	3	Marthe *Guth*
Jeanne-Marie-Marg..	17 nov. 1877	21 févr. 1899	142	1	Louis *Langer*
Noëmi	24 déc. 1877		140	2	Paul *Baudouin*
Laurent...........	6 sept. 1878		153	3	Elisabeth *Altmayer*
Marie-Mathilde	10 avril 1879		132	1	
Maurice	30 nov. 1879	6 janv. 1880	133	4	
Auguste-Mathias....	27 juin 1880	14 mai 1881	132	2	
Eug.-Ros.-Jul.-Genev.	29 août 1880		164	1	Georges *Claretie*
Maurice-Ed.-Charles	20 nov. 1880		141	4	
André-Georges	14 mai 1881		142	2	Marguerite *Loubery*
Michel............	11 juill. 1881		153	4	
Marie............	18 nov. 1881		154	1	Richard *Goetner*
Clle-Léonie-Charlotte	4 mars 1882		164	2	Albert *Canet*
Robert............	25 mai 1882		133	5	Emilie *Durrieu*

RISLER	Date de naissance	Date de décès	Numéros du tableau de famille		Conjoints
Anne-Elise-Jos. *Risler*	9 juill. 1882		132	3	
Eugène-Jean-François	15 nov. 1882		141	5	
Léon.............	29 janv. 1883		133	6	
Irma-Wilhelm.-Elise	2 août 1883		143	1	Willi *Killius*
Pierre............	7 août 1884		153	5	
Walther..........	28 févr. 1885		163	1	
Henriette.........	1er sept. 1885		133	7	
Elisabeth	19 avril 1886		165		Paul *Bargeton*
Adolphe..........	31 mai 1886		153	6	
Paula-Marie.......	27 juill. 1886		163	2	Ad.-Edouard *Focke*
Gabr.-Laure-Sophie..	1er août 1886		143	2	Charles *Ernst*
Catherine.........	25 janv. 1887		154	2	
Erich-Théod.-Emile .	10 déc. 1887		143	3	
Rose.............	5 janv. 1888		133	8	
Cécile............	17 mars 1888		190	1	
Adolphe..........	5 avril 1888		154	3	
Fr.-Ang.-El.-Fanny..	17 sept. 1888		144	1	
Alfred-Günther.....	10 févr. 1889		163	3	
Marcel	14 mai 1889		150	1	
Jules-Charles.......	24 juin 1889		137		
Anna	11 oct. 1889		154	4	
Blanche	22 sept. 1889		133	9	
Adolphe..........	16 févr. 1890	20 avril 1890	190	2	
Gustave	26 juin 1890		150	3	
Jacques..........	26 juin 1890		150	2	
Marthe-Louise......	13 févr. 1891		163	4	
Anna............	16 avril 1891		190	3	
Pierre............	24 nov. 1891		142	3	
Françoise.........	20 déc. 1891		154	5	
Bruno-Charles......	4 févr. 1892		163	5	
Pierre............	15 févr. 1892		189	1	
Georges..........	24 juin 1892		133	10	
Louis	3 mai 1893		154	6	
Jean-Henri-Otto	23 janv. 1894		163	6	
Aug.-Jérôme-René ..	11 avril 1894		144	2	
Elisabeth-Catherine .	28 août 1894		189	2	
Aline	7 avril 1895		154	7	
Odette-Marthe	18 oct. 1895		150	4	
Jean.............	18 nov. 1896		192	1	
Théodore..........	9 nov. 1896	2 févr. 1897	189	3	
Jacques..........	5 févr. 1897		160	1	
Léonie	7 août 1897		190	4	

RISLER	Date de naissance	Date de décès	Numéros du tableau de famille		Conjoints
Philippe-M.-Jⁿ *Risler*	24 juill. 1897		189	4	
Suzanne..........	31 oct. 1897		138	1	
Raymond..........	16 mars 1898		135		
Marie-Louise	4 avril 1898		159	1	
Otto..............	14 avril 1898		191		
Catherine.........	1er juin 1898		192	2	
Marguerite-Blanche..	17 juin 1898		150	5	
Georges-Auguste....	16 août 1898		147	1	
Pierre............	17 janv. 1899		160	2	
Hélène-Emma......	22 avril 1899		150	6	
Elvire............	13 août 1899	19 déc. 1899	190	5	
Suzanne..........	27 déc. 1899		159	2	
Marguerite.........	15 juill. 1900		147	2	
Marg.-H.-Hilda-Clara	5 nov. 1900		143	4	
Charles-Edmond....	2 févr. 1901		150	7	
Pierre............	2 mai 1901		192	3	
Jean	9 sept. 1901		160	3	
Marguerite........	25 nov. 1902		192	4	
Colette...........	5 avril 1903		138	2	
Marie	28 mai 1903		189	5	
Jacqueline	18 oct. 1903		160	4	
Philippe..........	4 janv. 1904		145	1	
Elisabeth	20 nov. 1904		159	3	
Elisabeth	2 avril 1905		148		
Pierre............	25 nov. 1905		146	1	
Jean-Claude........	13 mars 1907		174	1	
Herm.-Ed. Jérémie .	14 juill. 1907		143	5	
Charlotte.........	14 juill. 1907		145	2	
Marcelle..........	3 oct. 1907		177	1	
Elisabeth	16 févr. 1908		194		
Louis	6 mars 1908		160	5	
Jacques...........	29 avril 1908		193	1	
Andrée...........	7 juill. 1908		174	2	
Marie-Louise.......	30 juill. 1908		139		
Alsa-Léonie-Elisabeth	14 sept. 1908		146	2	

SURVIVANTS LE 30 JUIN 1910

Noms	Résidence	Date de naissance	Numéros du tableau de famille	
Georges-Alphonse Risler-Schmerber.....	Cernay	28 janv. 1818	88	5
Henriette Risler, veuve de Math. Risler..	au Diaconat, Mulhouse	11 janv. 1823	89	1
Sophie Risler, Madame Louis Lacoste ...	Domicile inconnu	9 août 1826	102	7
Camille Risler-Chalandre	Luxeuil-les-Bains(Hte-S.)	3 juin 1828	88	9
Emilie Risler, veuve de Fréd. Reinhart ..	Orléans (Loiret)	28 janv. 1830	109	3
Eugénie Risler, veuve de Pierre Juteau ..	Mulhouse	28 févr. 1830	88	10
Sophie-Nath. Risler, veuve de J.-H. Mac-Mahon...................	Havre	14 août 1830	89	3
Emile Risler	Domicile inconnu	22 mars 1831	102	10
Jules Risler-Cron	Mulhouse	11 juill. 1832	81	3
Adèle Risler, veuve de Frédéric Ochs....	Tenay (Ain)	8 oct. 1834	105	2
Marie-Elise Risler, Madame Joseph Gaudin	Domicile inconnu	6 déc. 1834	108	1
Daniel-Louis Risler-Demaury..........	Bruay (Pas-de-Calais)	10 juill. 1837	108	2
Alfred-Henri Risler-Schoen	Neuilly-sur-Seine (Seine)	25 sept. 1838	112	1
Marguerite Risler, veuve de Frédéric Paegel	Völklingen an der Saar	12 déc. 1838	120	2
Florentine-Louise Risler, Madame Gasp.-Arth. Brepsant..................	Domicile inconnu	25 févr. 1839	108	3
Elisabeth Risler, veuve de Paul Stemmler	Neunkirchen (Trèves)	21 janv. 1840	120	3
Wilhelmine Risler, veuve de J. von Rotteck	Fribourg (Bade)	11 sept. 1841	114	2
Laurent Risler-Schmitt	Lisdorf, près Sarrelouis	7 nov. 1843	121	3
Ernest Risler......................	Mulhouse	31 mai 1844	112	3
Adolphe Risler-Lonsdorfer............	Lisdorf	26 nov. 1846	121	4
Marie-Mathilde Risler, veuve de Georges Westercamp.....................	Paris	26 mai 1847	116	1
Marie Risler, veuve d'Emilien Paris	Bordeaux	8 oct. 1847	113	1
Charles Risler-Laurent-Pichat..........	Paris	30 nov. 1848	128	1
Mathilde-Eug. Risler, veuve de Jules Ferry	Paris	24 avril 1849	128	2
Laure-Emma Risler, veuve de Jules Preiss		30 sept. 1850	116	2
Emilie-Adèle Risler	Paris	17 mars 1853	124	1
Georges-Henri Risler-Heilmann	Paris	6 juin 1853	113	4

Noms	Résidence	Date de naissance	Numéros du tableau de famille	
Charles Risler-Seyffardt	Créfeld	24 mars 1855	127	1
Louise Risler		8 févr. 1856	124	3
Adrien-Maurice Risler-Couture	Neuilly-sur-Seine (Seine)	20 sept. 1856	125	
Alph.-Charles-Mathieu Risler-Francisci...	Oued-el-Aneb (Algérie)	5 janv. 1857	117	1
Ernestine Risler, veuve de Emile Dahl...	Créfeld	7 août 1857	127	3
Hélène-Adèle Risler, Madame Jean-Henri Zuber..............................	Paris	20 nov. 1857	119	1
Léon Risler-Robin	Paris	21 janv. 1858	110	1
Emile-God. Hermann Risler-Obkircher ..	Fribourg (Bade)	11 nov. 1858	114	3
Paul-Samuel Risler-Gartner	Barcelone	11 déc. 1858	124	5
Edmond-Eugène Risler-Zuber...........	Lörrach (Bade)	4 févr. 1859	119	2
Eugène Risler.......................	Vernon (Eure)	30 juill. 1859	110	2
Charles-Georges Risler	Etats-Unis d'Amérique	22 sept. 1859	126	2
Célestine-Modeste Risler, Madame Pierre-Pol Macé	Domicile inconnu	11 oct. 1860	130	3
Adrien Risler		25 nov. 1860	134	1
Ida Risler, Madame Jean Cousin........	Caen	1er mars 1861	119	3
Paul-Mathieu Risler..................	Luxeuil-les-Bains	10 avril 1861	118	1
Conrad-Auguste Risler	Créfeld	21 oct. 1861	127	4
Philippe Risler-Schaefer	Wallerfangen	9 févr. 1862	152	1
Gustave-Henri Risler-Ranson...........	Paris	2 mars 1862	119	4
Augusta-Eugénie Risler, Madame Petit-pierre	Plancemont-Couvet	26 oct. 1862	111	3
Jeanne-Joséphine Risler	Besançon	21 nov. 1862	118	2
André Risler-Mauret	Paris	25 mai 1863	124	6
Charles-Adolphe Risler	Petit-Quevilly(Seine-Inf.)	1er juin 1863	113	7
Valérie-Basilica-Valentine Risler, Madame Maurice Furt.......................	Paris	16 août 1863	134	2
Nicolas Risler-Nicola	Wallerfangen	26 oct. 1863	152	2
Blanche-Emilie Risler	Domicile inconnu	25 déc. 1863	130	5
Charles-Auguste Risler-Preiss	Paris	5 avril 1864	117	3
Henri Risler-Georg	Paris	20 mai 1864	111	4
Albert-Charles-Eugène Risler	Rouen	15 juill. 1864	122	2
Jean-Jérémie Risler-Ostermeyer	Bruxelles	25 nov. 1865	117	5
René-Olivier Risler	Tizi-Ouzou (Algérie)	18 avril 1866	134	3
Catherine Risler, Madame Jacques Schaefer	Metz	15 juin 1866	152	3
Alphonsine-Blanche Risler	Domicile inconnu	13 août 1866	130	6
Mathieu Risler-Ehret.................	Arches (Vosges)	13 mai 1868	117	6
Charles-Eugène Risler	au Puy (Velay)	14 sept. 1869	122	3
Alfred Théodore	Domicile inconnu	1er févr. 1870	130	7
Amélie-Marie-Anne Risler, Madame St-Elme Folley	Paris	24 juin 1870	117	7

Noms	Résidence	Date de naissance	Numéros du tableau de famille	
Nicolas Risler-Treib.................	Lisdorf	21 août 1870	153	1
Berthe-Eugénie Risler, Madame Jean Zuber		15 sept. 1871	119	5
Albert-Adolphe Risler-Roeder..........	Mulhouse	13 avril 1872	131	1
Jules Risler........................	Mulhouse	22 juin 1872	107	1
Maurice-Louis Risler.................	Saint-Mandé	30 juill. 1872	122	4
Edouard Joseph Risler	Paris	23 févr. 1873	117	8
Adolphe Risler-Junck	Wallerfangen	13 sept. 1873	152	5
Louise Risler, Madame François Stoudeur	Domicile inconnu	17 févr. 1874	133	2
Emma-Marguerite Risler, Madame Carlos Baumert	Mulhouse	19 sept. 1874	131	2
Jean-Jacques Risler-Fallet	Bienne (Suisse)	14 avril 1875	111	5
Alfred-Henri Risler	Neuilly-sur-Seine (Seine)	12 août 1875	140	1
Jean Risler-Siegfried	Lisdorf	20 août 1875	153	2
Barbe Risler	Lisdorf	19 sept. 1875	152	6
Paul-Auguste-Amédée Risler-Ziegler	Rouen	16 oct. 1875	141	1
Théophile-Charles Risler	Havre	24 mai 1876	122	5
Jeanne Risler, Madame Camille Defives..	Alger	20 sept. 1876	133	3
Cécile-Lucie-Soph. Risler, Madame Emile Lang	Rouen	26 sept. 1876	141	2
Alfred-Henri-Théodore Risler-Guth	Belfort	14 nov. 1877	141	3
Noëmi Risler, Madame Paul Baudouin...	Neuilly-sur-Seine (Seine)	24 déc. 1877	140	2
Laurent Risler-Altmayer..............	Lisdorf	6 sept. 1878	153	3
Marie-Mathilde Risler	Mulhouse	10 avril 1879	132	1
Eugénie-Rosine-Juliette Risler, Madame Georges Claretie	Paris	29 août 1880	164	1
Maurice-Charles-Edouard Risler	Rouen	20 nov. 1880	141	4
André-Georges Risler-Loubery.........	Paris	14 mai 1881	142	2
Michel Risler	Lisdorf	11 juill. 1881	153	4
Marie Risler, Madame Richard Goetner ..	Nouvian (Lorraine)	18 nov. 1881	154	1
Camille-Léonie-Charlotte Risler, Madame Albert Canet......................	Paris	4 mars 1882	164	2
Robert Risler-Durrieu	Lille	25 mai 1882	133	5
Anne-Elise-Joséphine Risler	Mulhouse	9 juill. 1882	132	3
Eugène-Jean-François Risler............	Rouen	15 nov. 1882	141	5
Léon Risler........................	Bruay (Pas-de-Calais)	29 janv. 1883	133	6
Irma-Wilhelmine-Elise Risler, Madame Willi Killius	Fribourg (Bade)	2 août 1883	143	1
Pierre Risler	Lisdorf	7 août 1884	153	5
Walther Risler	Créfeld	28 févr. 1885	163	1
Henriette Risler	Bruay (Pas-de-Calais)	1er sept. 1885	133	7
Elisabeth Risler, Madame Paul Bargeton .	Paris	19 avril 1886	165	
Adolphe Risler	Lisdorf	31 mai 1886	153	6

Noms	Résidence	Date de naissance	Numéros du tableau de famille	
Paula-Marie Risler, Madame Ad.-Edouard Focke..........................	Créfeld	27 juill. 1886	163	2
Gabrielle-Laure-Sophie Risler, Madame Karl Ernst.........................	Fribourg (Bade)	1er août 1886	143	2
Catherine Risler......................	Lisdorf	25 janv. 1887	154	2
Erich-Théodore-Emile Risler...........	Fribourg (Bade)	10 déc. 1887	143	3
Rose Risler..........................	Bruay (Pas-de-Calais)	5 janv. 1888	133	8
Cécile Risler........................	Wallerfangen	17 mars 1888	190	1
Adolphe Risler.......................	Lisdorf	5 avril 1888	154	3
Françoise-Augusta-Elise-Fanny Risler	Oued-el-Aneb (Algérie)	17 sept. 1888	144	1
Alfred-Günther Risler.................	Créfeld	10 févr. 1889	163	3
Marcel Risler	Lörrach	14 mai 1889	150	1
Jules-Charles Risler..................	Paris	24 juin 1889	137	
Anne Risler	Lisdorf	11 oct. 1889	154	4
Blanche Risler......................	Bruay (Pas-de-Calais)	22 sept. 1889	133	9
Gustave Risler......................	Lörrach	26 juin 1890	150	3
Jacques Risler......................	Lörrach	26 juin 1890	150	2
Marthe-Louise Risler	Créfeld	13 févr. 1891	163	4
Anna Risler	Wallerfangen	16 avril 1891	190	3
Pierre Risler	Paris	24 nov. 1891	142	3
Françoise Risler.....................	Lisdorf	20 déc. 1891	154	5
Bruno-Charles Risler	Créfeld	4 févr. 1892	163	5
Pierre Risler........................	Wallerfangen	15 févr. 1892	189	1
Georges Risler	Bruay (Pas-de-Calais)	24 juin 1892	133	10
Louis Risler	Lisdorf	3 mai 1893	154	6
Jean-Henri-Otto Risler	Créfeld	23 janv. 1894	163	6
Auguste-Jérôme-René Risler	Oued-el-Aneb (Algérie)	11 avril 1894	144	2
Elisabeth-Catherine Risler	Wallerfangen	28 août 1894	189	2
Aline Risler........................	Lisdorf	7 avril 1895	154	7
Odette-Marthe Risler	Lörrach	18 oct. 1895	150	4
Jean Risler	Lisdorf	18 nov. 1896	192	1
Jacques Risler......................	Paris	5 févr. 1897	160	1
Léonie Risler	Wallerfangen	7 août 1897	190	4
Philippe-Mathias-Jean Risler	Wallerfangen	24 juill. 1897	189	4
Suzanne Risler	Paris	31 oct. 1897	138	1
Raymond Risler.....................	Paris (Vaugirard)	16 mars 1898	135	1
Marie-Louise Risler.................	Barcelone	4 avril 1898	159	1
Otto Risler	Wallerfangen	14 avril 1898	191	
Catherine Risler....................	Lisdorf	1er juin 1898	192	2
Marguerite-Blanche Risler.............	Lörrach	17 juin 1898	150	5
Georges-Auguste Risler...............	Arches (Vosges)	16 août 1898	147	1
Pierre Risler	Paris	17 janv. 1899	160	2

Noms	Résidence	Date de naissance	Numéros du tableau de famille	
Hélène-Emma Risler	Lörrach	22 avril 1899	150	6
Suzanne Risler	Barcelone	27 déc. 1899	159	2
Marguerite Risler	Arches (Vosges)	15 juill. 1900	147	2
Marguerite-Hermine-Hilda-Clara Risler	Fribourg (Bade)	5 nov. 1900	143	4
Charles-Edmond Risler	Lörrach	2 févr. 1901	150	7
Pierre Risler	Lisdorf	2 mai 1901	192	3
Jean Risler	Paris	9 sept. 1901	160	3
Marguerite Risler	Lisdorf	25 nov. 1902	192	4
Colette Risler	Paris	5 avril 1903	138	2
Marie Risler	Wallerfangen	28 mai 1903	189	5
Jacqueline Risler	Paris	18 oct. 1903	160	4
Philippe Risler	Paris	4 janv. 1904	145	1
Elisabeth Risler	Barcelone	20 nov. 1904	159	3
Elisabeth Risler	Paris	2 avril 1905	148	
Pierre Risler	Bruxelles	25 nov. 1905	146	1
Jean-Claude Risler	Belfort	13 mars 1907	174	1
Hermann-Edouard-Jérémie Risler	Fribourg (Bade)	11 juill. 1907	143	5
Charlotte Risler	Paris	14 juill. 1907	145	2
Marcelle Risler	Paris	3 oct. 1907	177	1
Elisabeth Risler	Lisdorf	16 févr. 1908	194	1
Louis Risler	Paris	6 mars 1908	160	5
Jacques Risler	Lisdorf	29 avril 1908	193	1
Andrée Risler	Belfort	7 juill. 1908	174	2
Marie-Louise Risler	Bienne	30 juill. 1908	139	1
Alsa-Léonie-Elisabeth Risler	Bruxelles	14 sept. 1908	146	2

DÉNOMBREMENT DE LA DESCENDANCE DE JEAN ROSSEL

au 30 Juin 1910

(non compris la descendance de Jean-Rodolphe Rossel, N° 7, 2)

SEXE MASCULIN

Décédés

Enfants mineurs	163	
» célibataires	34	
» mariés	154	
		351

Vivants

Enfants mineurs	23	
» célibataires	30	
» mariés	35	
	88	
		439

SEXE FÉMININ

Décédées

Enfants mineures	108	
» célibataires	31	
» mariées	143	
		282

Vivantes

Enfants mineures	29	
» célibataires	14	
» mariées	36	
	79	
		361

Total de la descendance 800

TABLEAU DE RECENSEMENT

GÉNÉRA-TIONS	CHEFS DE FAMILLE	Mineurs		Célibataires		Hommes mariés			Céliba-taires	Mineures		Célibataires			Femmes mariées			TOTAL DES 2 SEXES	GÉNÉRA-TIONS
		vivants	décédés	vivants	décédés	vivants	décédés	Vie moyenne	Vie moyenne	vivantes	décédées	vivantes	décédées	Vie moyenne	vivantes	décédées	Vie moyenne		
I	4	—	4	—	1	—	14	—	—	—	—	—	—	—	—	8	—	27	I
II	4	—	4	—	—	—	7	—	—	—	5	—	—	—	—	6	—	22	II
III	6	—	8	—	2	—	9	62.8	—	—	16	—	—	—	—	10	66.6	45	III
IV	7	—	6	—	—	—	6	53.8	—	—	7	—	1	—	—	8	59.7	28	IV
V	6	—	12	—	—	—	11	60.9	—	—	3	—	1	70	—	7	62.7	34	V
VI	11	—	27	—	2	—	23	61	—	—	13	—	—	—	—	12	58.7	77	VI
VII	21	—	49	—	3	—	27	56.5	—	—	27	—	2	73.5	—	29	57.5	137	VII
VIII	23	—	25	—	7	1	28	63.8	45.6	—	15	—	11	56.9	—	35	58.5	122	VIII
IX	25	—	13	2	13	2	24	62.8	54.2	—	17	—	16	57.2	5	20	61	112	IX
X	25	—	10	11	6	22	5	47.2	31.3	—	5	7	—	—	18	7	34.2	91	X
XI	25	16	3	17	—	10	—	—	—	18	—	7	—	—	13	1	22	85	XI
XII	8	7	2	—	—	—	—	—	—	11	—	—	—	—	—	—	—	20	XII
	165	23	163	30	34	35	154	59.5	46	29	108	14	31	58.6	36	143	—	800